Fleisch von einem Tier, das selbstbestimmt leben konnte und hoffentlich ein gutes, glückliches Dasein hatte.

FABIAN GRIMM

Vorwort 7

WILD & JAGD

Warum ich jage 11
Gutes Fleisch – gibt es das überhaupt? 12
Kontrolle ist gut, selber machen ist noch besser 15
Fleisch-Ess-Lust 17
Gast in einer fremden Welt 17

Aufgaben der Jagd 23
Wildtiermanagement in der Kulturlandschaft 23
Jagd als nachhaltige Nutzung 25
Der Umgang mit Wild und Wildschäden 27
Einen Ausgleich finden 27

Wild als Lebensmittel 31
Vorurteile gegenüber Wild 31
Wild kaufen 35
Wann gibt es Wild? 37

Fleischhygiene 41
Sicherer Wildgenuss 41
Muss man Wild durchgaren? 41
Fleischqualität beurteilen 45

Küchenpraxis 49
Wildarten und Teilstücke 49
Fleisch ist nicht gleich Fleisch 49
Das beste Teilstück? 50
Ausbeinen und Parieren 55
Wild konservieren 55
Wildfleisch einfrieren 55
Wildfleisch einkochen 57
Häufige Fragen 58
Brühe kochen 61

REHWILD
Aufgang der Jagd 65
Fakten Rehwild 69
Rezepte 71

DAMWILD
Gemeinsame Jagdmomente 95
Fakten Damwild 101
Rezepte 103

STOCKENTE
Fressen und gefressen werden? 135
Fakten Stockente 139
Rezepte 141

FELDHASE
Seltene Beute 151
Fakten Feldhase 155
Rezepte 157

SCHWARZWILD
Standlaut! 167
Fakten Schwarzwild 175
Rezepte 177

SERVICE
Bezugsquellen für Wildfleisch 211
Zum Weiterlesen 211
Der Autor 212
Schnell nachgeschlagen 214

VORWORT

Ein Rücken mit zwei Filets, zwei Keulen, zwei Hachsen, zwei Schultern, zwei Eisbeine, ein paar Rippen, der Bauch und der Hals – ein ganzes Tier. Ein Reh, um genau zu sein. Ich möchte es essen, deshalb habe ich es fachgerecht in die einzelnen Zuschnitte zerteilt.

enn ich die verschiedenen Teilstücke sauber ausgelöst vor mir habe, ist das Tier nicht mehr als solches zu erkennen. Der Tisch sieht aus wie die Auslage in einer Metzgerei. Trotzdem erinnere ich mich. Ich habe dieses Lebensmittel nicht gekauft, sondern mir von Anfang an selbst erarbeitet. Da liegt kein anonymes Fleisch, sondern meine Beute. Das Reh, das ich essen möchte, habe ich selbst getötet. Oder „erlegt", wie wir Jäger sagen.

Zunächst wird das Fleisch eingefroren, später geht es an die Zubereitung. Stück für Stück wird das Tier in den nächsten Wochen auf dem Teller landen. Ein Tier selbst zu verarbeiten bedeutet, das Lebensmittel Fleisch von Grund auf kennenzulernen. Zu jedem Filet gehört ein Eisbein, zu jeder Keule eine Schulter und zu jedem Braten aus dem beliebten Rücken ein weniger begehrter Hals. Jedes Teilstück bringt seine eigenen Stärken und Vorzüge mit. Sie zu erforschen und den optimalen Geschmack herauszukitzeln, ist eine spannende Herausforderung und sorgt für Abwechslung.

Das Fleisch ist für mich der wichtigste Grund zu jagen – trotzdem ist Jagd mehr, als Wild zu erlegen. Zu meinem Selbstverständnis als Jäger gehört auch, mich intensiv mit dem Wild und seinem Lebensraum zu beschäftigen. Ich möchte lernen, das ganze Ökosystem zu verstehen und auch die im Revier vorkommenden Kräuter, Pilze und Beeren bestimmen können. Wo spitzt in den letzten Wintertagen schon der Bärlauch aus der Erde? Ab wann wird es sich wieder lohnen, nach Pfifferlingen zu suchen? Lassen sich die Früchte der aus Nordamerika eingeschleppten spätblühenden Traubenkirsche verarbeiten – appetitlich sehen sie doch eigentlich aus?

Wann immer es möglich ist, versuche ich, meine Beute mit dem zu kombinieren, was gerade im Revier wächst. Wie von selbst schmeckt der Frühsommer dann vollkommen anders als der Herbst. Während ich das Reh zugeschnitten habe, habe ich schon begonnen, über passende Rezepte nachzudenken. Ehrlich und bodenständig sollen die Gerichte sein, mit wenigen, präzise eingesetzten Aromen. Jagen, sammeln und draußen sein ist für mich ein Lebensgefühl – als Ziel für mein Wildkochbuch habe ich mir gesetzt, es auf den Teller zu bringen!

WILD & JAGD

LEBEWESEN UND LEBENSMITTEL

WARUM ICH JAGE

Tiere zu töten, um Fleisch essen zu können, gilt auf der einen Seite als etwas vollkommen Normales: Auch wenn viel über vegane Ernährung diskutiert wird, essen über 90 Prozent der Bevölkerung Fleisch. Die Länge der mit Fleisch und Wurst gefüllten Kühltheken in den Läden belegt es eindrücklich.

Auf der anderen Seite ist es heute aber ausgesprochen unüblich, ein Tier selbst, also eigenhändig, zu töten, um es dann essen zu können. Hausschlachtungen und private Kleintierhaltung sind selten geworden, sogar auf dem Land ist es nicht mehr selbstverständlich, Hühner oder Kaninchen zu sehen. Fleisch kauft man im Supermarkt oder beim Metzger. Das Lebensmittel ist dann ordentlich zugeschnitten, sauber verpackt, etikettiert – und ohne Fell, Knochen oder Augen kaum als ehemaliges Lebewesen zu erkennen. Über die Lebensumstände der verarbeiteten Tiere weiß man wenig. Sattgrüne Weiden, blauen Himmel und überglückliche Tiere zeigen uns die Verpackungen und Werbebroschüren, mit verwackelten Aufnahmen schrecklich leidender Kreaturen in dunklen Ställen halten Tierrechtler immer wieder dagegen. Die Wahrheit liegt wohl irgendwo in der Mitte? Aber auch, wenn man sich informieren möchte, ist es nicht leicht, objektive Fakten zu bekommen. Sie selbst zu überprüfen, statt auf Siegel, Zertifikate und Berichte zu vertrauen, ist noch komplizierter.

Wegen dieser Unsicherheit hatte ich mir vorgenommen, auf Fleisch zu verzichten, als ich sechzehn oder siebzehn Jahre alt war. Die Entscheidung hatte ich aus rationalen Erwägungen gefällt, nicht weil mir Burger, Döner oder Bratwurst nicht geschmeckt hätten. Es gab keinen konkreten, dramatischen Anlass – keinen Besuch auf dem Schlachthof, kein geschlachtetes Haustier und auch keinen klaren Beginn meiner Zeit als Vegetarier. Nach und nach habe ich einfach aufgehört, Fleisch zu essen, der Übergang hat einige Monate gedauert. Kein Fleisch auf dem Teller bedeutete auch, keine Verantwortung für eventuelles Tierleid durch meine Ernährung tragen zu müssen. Das schien mir eine gute Lösung.

Als ich später zusammen mit meiner Freundin die erste eigene Wohnung, und damit auch die erste eigene Küche gemietet habe, habe ich dort gerne und viel gekocht – natürlich vegetarisch. Mit der Zeit und mit der Anzahl der Kochbücher und Gewürze im Schrank wuchs auch die Erfahrung. Die indische Küche etwa bietet traditionell eine fantastische Vielfalt an fleischlosen Rezepten, aber auch in anderen Ländern und Regionen finden sich spannende vegetarische Gerichte.

Fleisch habe ich damals nicht im Geringsten vermisst. Ich hatte ohnehin nie wirklich gelernt, es selbst zuzubereiten. An so etwas wie Jagd war zu dieser Zeit überhaupt nicht zu denken, schon weil wir mitten in Berlin und fern von Wald und Wild gelebt haben. Zum Asiamarkt oder zum Bioladen waren es dafür mit dem Rad nur fünf Minuten – Tofu, Tempeh und Nussmus mit Biosiegel lagen nicht nur sprichwörtlich erheblich näher als der Gedanke an Rehe, Hirsche und Wildschweine.

GUTES FLEISCH – GIBT ES DAS ÜBERHAUPT?

Einige Jahre nach der Entscheidung gegen Fleisch auf dem Teller wurde während mehrerer gemeinsamer Besuche bei Freunden in Schottland plötzlich manches greifbar, was vorher abstrakt geblieben war: Ethan und Yvonne haben Landwirtschaft studiert. Mehr als dreihundert eigene Schafe bestimmen mittlerweile ihren Alltag. Ihr Betrieb produziert Lammfleisch – konventionell und ohne Biosiegel. Jedes Jahr bekommen die Schafe im Frühjahr ihre Lämmer, im Herbst und Winter werden sie verkauft und geschlachtet.

Es war selbstverständlich, dass wir während der Zeit, die wir bei ihnen verbrachten, auch mithalfen, die Tiere zu versorgen – und unvermeidlich, die kleinen Lämmer dabei augenblicklich ins Herz zu schließen. Eine eigenartige Situation: Ich füttere ein Lamm, tränke es, führe es auf eine neue Weide oder schneide ihm sogar die Hufe. Damit trage ich dazu bei, dass es sich lohnen wird, es zu töten.

Je besser die Schafe versorgt werden, desto gesünder sind sie. Wenn es ihnen gut geht, nehmen sie schneller zu und kräftige Tiere sind bei den Käufern begehrter. Gerade zu Beginn der Saison im Herbst haben die Tiere in vielen Betrieben noch nicht das nötige Gewicht erreicht, um geschlachtet zu werden. Die Landwirte mit besonders starken Lämmern, die dann schon „liefern" können, erzielen die besten Preise.

Überraschend war für mich dabei, dass dieser Widerspruch zwischen liebevoller Pflege und absehbarem Ende nicht nur meiner Freundin und mir aufgefallen war. Offen und ehrlich konnten wir solche Dinge an den Abenden mit den beiden Landwirten diskutieren und auch ohne Probleme kritische Fragen stellen. Ein Schlüsselmoment war für mich, als wir uns erkundigten, warum die beiden nicht auch Schafsmilch melken und verkaufen: Für die Fleischproduktion leben die Tiere in größeren Herden, um den Ort herum auf den Weiden verteilt. Ihr Blöken ist zu jeder Zeit aus allen Himmelsrichtungen zu hören. Einen richtigen Stall gibt es nicht, nur eine Scheune für besonders kalte Winternächte. Das ist fantastisch für die Tiere, weil sie viel Bewegung bekommen und innerhalb der vom Weidezaun gesetzten Grenzen ein großes Maß an Freiheit genießen. Sie können grasen oder dösen, sich an Bäumen schrubbern, sich etwas abseits halten oder die Nähe ihrer Artgenossen suchen, und gelegentlich auch mal ausbrechen. Ihre Besitzer sehen sie eigentlich nur, wenn sie auf den täglichen Kontrollfahrten etwas Kraftfutter vorbeibringen.

Mit Milchschafen wäre das alles anders. Sie müssten in einem Stall stehen, oder wenigstens immer auf einer Weide ganz nah am Betrieb: Morgens und abends alle Tiere erst zum Melken abzuholen und sie dann anschließend wieder zu verteilen, das wäre unmöglich. Fleisch lässt sich im Betrieb von Ethan und Yvonne wohl tatsächlich tiergerechter erzeugen als Milch.

Wieder zu Hause dachte ich viel darüber nach. Als Vegetarier aß ich Käse und trank Milch, nicht in Massen, aber doch gerne, regelmäßig und bisher mit gutem Gewissen. Das ist heute anders. Viel mehr noch als das veränderte Bewusstsein für diese Problematik beschäftigt mich aber, dass ich es vorher schlicht nicht besser wusste. Wie viele ähnliche Denkfehler würden sich auftun, wenn ich auch in anderen Bereichen der Lebensmittelproduktion tiefere Einblicke bekommen könnte?

Bisher hatte ich die Kühltheke ganz hinten im Bioladen kaum wahrgenommen. Sie verkaufen dort Fleisch, auch von Lämmern, mit Biosiegel und all den anderen Stempeln und Logos. Was diese Tiere wohl für ein Leben hatten? Ob es ihnen so gut ging wie Ethans Schafen, die viel Zuwendung und Bewegung, aber keine Zertifikate haben? Wahrscheinlich schon. Bestimmt sogar, es ist ja „gutes" Fleisch. Aber was heißt in diesem Zusammenhang schon gut?

KONTROLLE IST GUT, SELBER MACHEN IST NOCH BESSER

Und vor allem: Was heißt schlecht? Mein ganzes Weltbild war durch ein paar Wochen in Schottland durcheinander gewirbelt worden: Nicht nur, dass ich gerne und aus freien Stücken auf einem Hof mitgeholfen hatte, der Fleisch produziert, auch die Diskussionen an den Abenden wirkten nach. Vegetarier oder nicht, die Herstellung meiner Lebensmittel beeinflusst die Umwelt, das hatte ich erst jetzt in der ganzen Tragweite verstanden.

Auch als Vegetarier beeinflusse ICH die Umwelt, und das ganz maßgeblich.

Ein Acker, ein Feld und auch ein kleines Beet ist ein Stück Land, das irgendwann einmal von Bäumen, Büschen, Kräutern und allem natürlichen Bewuchs befreit wurde. Vielleicht musste es sogar durch Gräben und Drainagen entwässert werden. Schließlich wächst dort dann eine einzige Sorte Nutzpflanzen, alles andere ist „Unkraut" und wird bekämpft. Die Eingriffe können mehr oder weniger schonend erfolgen, aber im Kern der Sache weicht immer ein vielfältiger Lebensraum, um auf der Fläche Nahrungsmittel herstellen zu können. Solange ich essen möchte, muss ich wohl einen Umgang damit finden.

Genau zu dieser Zeit trat ganz unerwartet die Jagd in unser Leben: Meine Freundin hatte sich aus Interesse an dem komplexen Ökosystem Wald und dem Wunsch, es verantwortungsvoll und nachhaltig zu bewirtschaften, für ein Forstwirtschaftsstudium entschieden. Zwar ist der Jagdschein an sich kein verpflichtender Bestandteil der Ausbildung, trotzdem stellte sich bald heraus, dass es kaum Absolventen dieses Studiengangs gibt, die nicht wenigstens die Jägerprüfung hinter sich gebracht haben: Wer einen Wald bewirtschaftet, ist oft auch für die Wildtiere auf dieser Fläche zuständig. In Stellenausschreibungen für die Berufsgruppe wird der Jagdschein meistens vorausgesetzt.

Die Auseinandersetzung mit dem Thema war also zunächst eine erzwungene, doch durch die in der ganzen Wohnung verteilten Lehrbücher entwickelte sich auch bei mir schnell ein gewisses Interesse an der Jagd. Ein Bild aus einem der Bände hat sich mir besonders ins Gedächtnis gebrannt: Ein polierter Metalltisch voller Fleisch. Große und kleine Stücke nebeneinander, am Rand des Tischs ein Messer. Schimmernde Muskelpakete, weißes Fett, zugeschnittene Steaks und bereits gewürfeltes Fleisch, bereit, um als Gulasch zubereitet zu werden. Ein Wildschwein, oder das, was davon übrigbleibt, wenn man das Fell und alle Knochen entfernt. Ein einziges Tier, ein einziges Mal sich überwinden abzudrücken, ergibt genug „selbstgemachtes" Fleisch für Wochen und Monate. Mit zwei oder drei solchen Wildschweinen käme man wahrscheinlich ein ganzes Jahr aus, vielleicht sogar dann, wenn man regelmäßig Fleisch isst?

Ein zu hundert Prozent selbst erzeugtes Lebensmittel fest in den eigenen Speiseplan zu integrieren, dieser Gedanke hat mir sofort gefallen.

Nach den Erlebnissen in Schottland war jedenfalls klar, dass ich unbedingt mehr direkte Verantwortung für meine Ernährung übernehmen wollte. Es hatte sich absolut nicht bewährt, mich durch die einfache Regel „kein Fleisch – kein schlechtes Gewissen" dem Problem entziehen zu wollen, im Gegenteil. Zwei Wege standen nun offen: Entweder in Zukunft regelmäßig und gründlich über die Lebensmittel auf meinem Teller zu recherchieren, die Anforderungen der verschiedenen Anbau- und Zertifizierungsverbände zu lesen und die Produktionsketten möglichst lückenlos nachzuvollziehen – oder viel, viel dichter an den Kern des Ganzen heranzugehen, und zu versuchen, selbst eigene Lebensmittel zu produzieren.

Zutatenlisten penibel zu kontrollieren, ist nicht mein Ding. Hätte sich die Jagd zu diesem Zeitpunkt nicht beinahe aufgedrängt, wäre es wohl auf eine Parzelle im Schrebergartenverein hinausgelaufen, falls sich keine bessere Lösung gefunden hätte.

Nach langen Überlegungen stand stattdessen der erste Unterrichtstag in einer Jagdschule an: drei Wochen theoretischer Kurs, in zwei Blöcke aufgeteilt, dazu Übungsstunden auf dem Schießplatz und eine Menge Zeit mit den Lehrbüchern. Zwei Monate später die Prüfung.

Bestanden!

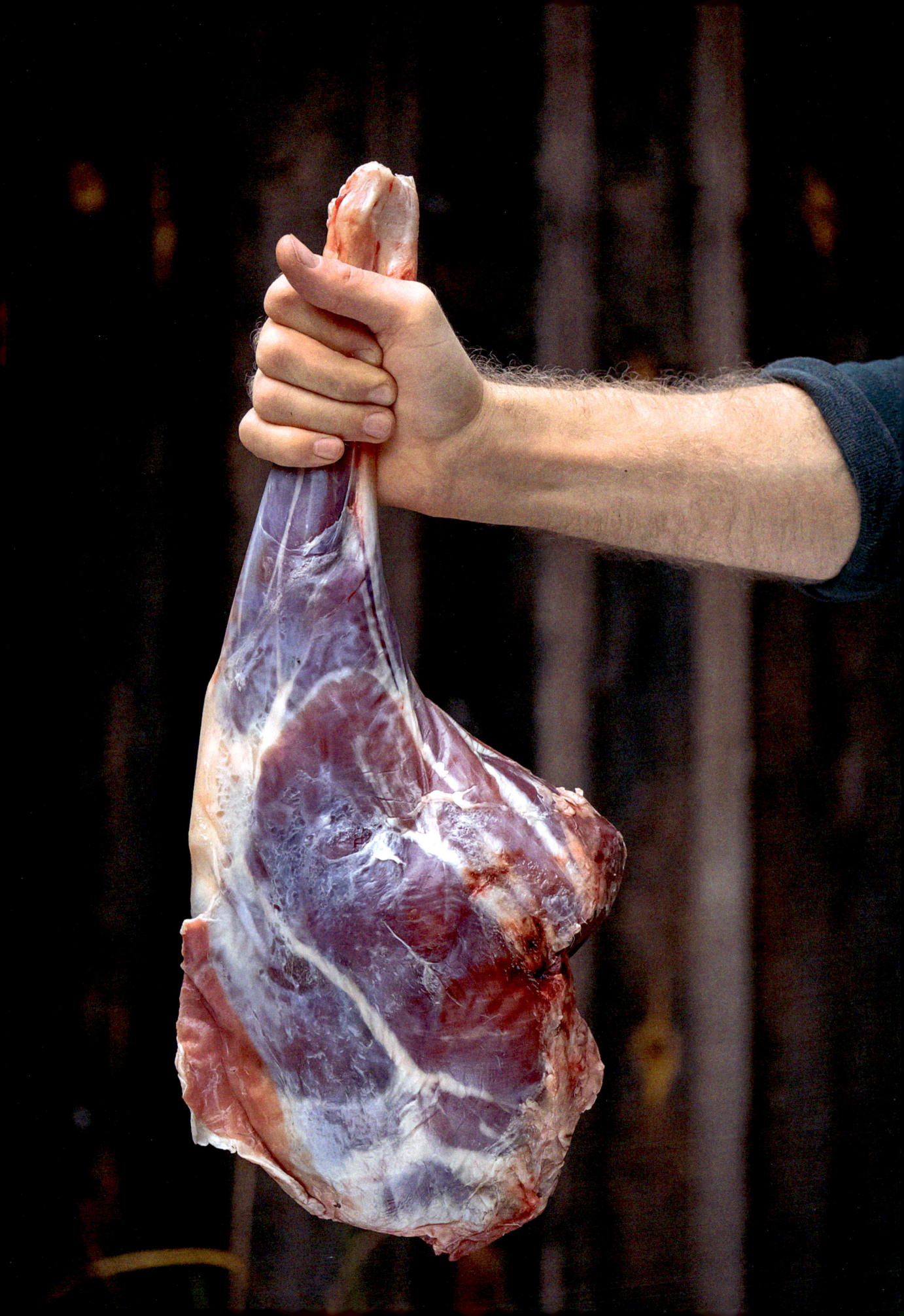

FLEISCH-ESS-LUST

Ein knappes Jahr nachdem die Jagd zum ersten Mal in mein Leben getreten war, hielt ich ein grünes Heftchen im Format DIN A6 in der Hand. Meinen Jagdschein!

Noch einmal eine ganze Weile später war es dann so weit, und zum ersten Mal erlaubte mir ein Förster, einen Nachmittag in seinem Revier zu jagen. Zum Sonnenuntergang lag meine erste Beute vor mir. Das Damwild-Weibchen war vermutlich fast taub gewesen und ganz sicher ziemlich struppig und ausgesprochen mager. Eigentlich hätte ich ein Kalb und kein Weibchen erlegen sollen. Eine Katastrophe! Ich hatte einen großen Fehler gemacht. Zum Glück blieb er immerhin folgenlos, denn das Tier war schon so alt, dass es nicht einmal mehr die Kraft hatte, ein Kalb auszutragen und aufzuziehen.

Zwei volle Arbeitstage habe ich gebraucht, bis das Tier endlich fertig zerteilt und zugeschnitten in der Gefriertruhe lag. Nur die beiden Filets habe ich damals nicht eingefroren, sondern sofort gebraten. Aus heutiger Sicht war es gleich der nächste Fehler, dass ich dafür Butter verwendet habe, und kein hitzebeständiges Öl oder Butterschmalz. Eine richtige Kruste hatte das Fleisch auf dem Teller dann auch nicht, dafür war es bis in den Kern komplett durchgegart, weil ich es bei bestenfalls mittlerer Hitze eine ganze Weile gebraten hatte …

Völlig egal: das erste Stück Fleisch nach Jahren hat trotzdem geschmeckt! Ich war stolz, ein Lebensmittel essen zu können, das ich von Anfang bis zum Ende selbst erzeugt hatte. Und gelitten hatte das Tier nicht, das konnte ich mit Sicherheit sagen. Es hatte sein langes Leben in Freiheit verbracht und war nach meinem Schuss augenblicklich tot gewesen. Außer mir hatte kein einziger Mensch das Fleisch auf meinem Teller auch nur berührt. Ein unglaubliches Gefühl.

GAST IN EINER FREMDEN WELT

Mittlerweile bin ich seit sieben Jahren Jäger. Die Jagd und alles, was dazu gehört, spielt eine wichtige Rolle in meinem Leben. Mit Akira ist ein Jagdhund, ein „Kleiner Münsterländer", bei uns eingezogen, die Farben Grün und Braun dominieren inzwischen den Kleiderschrank und in der Großstadt wohnen meine Freundin und ich schon lange nicht mehr. In den letzten Jahren habe ich einiges über die vielen Facetten der Jagd gelernt. Der Kern des Ganzen ist für mich nach wie vor der gleiche geblieben: Als Jäger habe ich die Möglichkeit, auf ursprünglichste Art Lebensmittel selbst zu beschaffen.

Auch wenn ich immer noch ständig dazulerne, weiß ich inzwischen einigermaßen, was ich tue. Ich kann ein Kalb von einem ausgewachsenen Tier unterscheiden und die beim ersten Versuch noch so mühselige Arbeit des Zuschneidens geht jetzt flüssig von der Hand. Was früher zwei Tage gedauert hat, schaffe ich heute in zwei Stunden.

Trotzdem gibt es einfachere Wege als ausgerechnet die Jagd, um an gutes Fleisch zu kommen. Für die Zeit und die Arbeit, die hinter einem selbst erlegtem Steak steckt, darf ich niemals einen Stundenlohn ausrechnen – ohne ordentlich zu schummeln, käme ich nicht einmal in die Nähe der Preise für das beste Fleisch aus dem Bioladen. Jäger zu sein bedeutet nun einmal auch, oft mit leeren Händen heimzukommen.

Das ist in Ordnung, es muss sogar so sein. Die Jagd macht Freude und bietet mir mehr als reine Fleischbeschaffung. Es ist aufregend, sich in die Tiere hineinzuversetzen und zu versuchen, ihren Lebensraum aus ihrer Perspektive zu sehen. Wo finde ich welche Spuren und Fährten? Wann fallen leckere, reife Eicheln vom Baum, gibt es dieses Jahr Bucheckern und was wächst auf welchem Feld? Welches Kraut schmeckt am besten und auf welcher Lichtung ist es zu finden? Welche geheimen Wege führen in sicherer Entfernung an den Häusern, Wanderwegen, Straßen und Hochsitzen der Menschen vorbei und in welchem Gestrüpp kann man sich am besten verstecken? Solche Dinge möchte ich herausfinden. Dabei gilt es, behutsam und sensibel vorzugehen, um ein möglichst unbemerkter Gast in dieser fremden Welt zu bleiben.

Das Tier steht für mich bei der Jagd im Mittelpunkt. Auch wenn mir die Zeit im Wald Freude macht, versuche ich trotzdem, nur so viel wie nötig zu jagen. Und auch, wenn es in einer Kulturlandschaft immer wieder nötig sein kann, bestimmte Arten in ihrer Zahl zu reduzieren, möchte ich nur ungern mehr erjagen, als ich und mein engstes Umfeld auch selbst verbrauchen können.

Mir ist es am liebsten, wenn ich nur wenige Male gezielt und effizient rausgehe und dabei trotzdem genug Beute machen kann, um danach für eine Weile mehr Zeit in der Küche als im Wald zu verbringen. Ich vermeide es, auf dem Hochsitz zu warten, wenn ich eigentlich zu müde bin, oder nach einem langen Tag zu unkonzentriert, um Chancen auch zu nutzen. Das mag sehr rational klingen, aber für das Wild ist jeder Ansitz eine Störung, egal ob ich schieße oder nicht. Ich muss davon ausgehen, dass ich bemerkt werde, Geruch hinterlasse und allgemein für Unruhe sorge. Das Wild weiß genau, was es bedeutet, wenn in der Dämmerung Menschen in kleinen Baumhäusern lauern, da bin ich mir sicher.

Jagd ist für mich weder Selbstzweck, Freizeitspaß noch Schädlingsbekämpfung, sondern in erster Linie eine Möglichkeit, Verantwortung für meine Ernährung zu übernehmen.

AUFGABEN DER JAGD

WILDTIERMANAGEMENT IN DER KULTURLANDSCHAFT

Warum ich jage, habe ich im vorherigen Kapitel ausführlich erläutert: Ich möchte Fleisch essen, für dessen Herstellung ich selbst die volle Verantwortung trage. Es macht mir Freude, ein Lebensmittel von Anfang an selbst herzustellen.

Andere Jägerinnen und Jäger haben sich vielleicht auch aus anderen Gründen für den Jagdschein entschieden. Für einige ist die Jagd eine alte Familientradition, tief verwurzelt in ihrem Umfeld. Manche halten zuerst einen eleganten Jagdhund, merken dann wie schwierig es ist, den Vierbeiner angemessen auszulasten und kommen schließlich über die Hundeausbildung zur Jagd. Für viele ist die Jagd auch ganz einfach ein Weg, um Wildtiere und ihren Lebensraum intensiv kennenzulernen und hautnah zu erleben.

Knapp 400.000 Jägerinnen und Jäger gibt es in Deutschland. Zwangsläufig unterscheidet sich auch das, was als „Jägerleben" begriffen wird. Während manche ein eigenes Revier betreuen und mehr oder weniger täglich jagen, reicht es anderen, vielleicht nur ein- oder zwei Mal im Jahr auf dem Hochsitz zu sein. Jenseits dieser Unterschiede bei der individuellen Motivation und Passion stellt sich aber die Frage, warum überhaupt gejagt wird – immerhin verlangen verschiedene Gruppierungen regelmäßig und lautstark, die Jagd zu verbieten oder wenigstens weitgehend einzuschränken.

Auch in unseren Nachbarländern gibt es Jagd und Jäger. Die vorkommenden Wildarten, die Jagdmethoden und die Art und Weise der Organisation unterscheiden sich, doch am Ende führt nirgendwo ein Weg daran vorbei, die Anzahl freilebender Tiere in gewissem Maß zu reduzieren. Die Jagd erfüllt eine offenbar unverzichtbare Funktion – „Wildtiermanagement" wird manchmal als moderner Begriff für den „Sinn der Jagd" verwendet.

Ich mache es mir an dieser Stelle einfach und zitiere das Bundesjagdgesetz: Ziel der Jagd ist „die Erhaltung eines den landschaftlichen und landeskulturellen Verhältnissen angepassten artenreichen und gesunden Wildbestandes sowie die Pflege und Sicherung seiner Lebensgrundlagen." Dabei sollen „Beeinträchtigungen einer ordnungsgemäßen land-, forst- und fischereiwirtschaftlichen Nutzung, insbesondere Wildschäden, möglichst vermieden werden."

Diese beiden Sätze stecken den Rahmen ab, in dem sich alle Jägerinnen und Jäger in Deutschland bewegen. Die Bestände der Wildtiere werden erhalten, die Jagd soll sie aber gleichzeitig soweit „anpassen", dass die Tiere keine übermäßigen Schäden verursachen.

Um zu erläutern, was das bedeutet, ist es nötig, weit auszuholen: Zunächst ist es entscheidend, sich bewusst zu machen, dass wir uns wenigstens in Deutschland und Europa längst nicht mehr in der „Natur" befinden. Der Begriff wird zwar häufig benutzt, um all das zu beschreiben, was außerhalb der Städte und Dörfer liegt, oder auch um besonders ursprünglich anmutende Orte zu kennzeichnen – doch wenn man es genau nimmt, ist das nicht richtig.

Menschen haben ihre natürliche Umgebung verändert und ihren Lebensraum ihren Bedürfnissen angepasst. Manchmal ist das ganz offensichtlich: schnurgerade

kanalisierte Flüsse, perfekt rechtwinklige Felder und Straßen und Häuser nennt niemand „Natur". Vielleicht weniger deutlich ins Auge fallen einst sumpfige oder moorige Gebiete, die irgendwann entwässert wurden und heute Acker- und Weideflächen sind. Ein paar Kühe auf einer grünen Wiese wirken auf den ersten Blick nicht nur idyllisch, sondern auch ganz „natürlich" – obwohl sie es nicht sind. Vollkommen unsichtbar, aber nicht weniger gravierend sind auch die allgegenwärtigen Veränderungen durch Einträge von Schad- und Nährstoffen aus Regen und Luft.

Ob wir es wollen oder nicht: Wir leben in einer in allen Bereichen vom Menschen mehr oder weniger bewusst gestalteten „Kulturlandschaft". „Wir", das bedeutet in diesem Fall nicht nur wir Menschen: Alle Arten in dieser Landschaft haben sich mit dem Menschen wenigstens arrangiert – oder wurden sogar von ihm angepflanzt oder gezüchtet. Wir teilen uns einen Lebensraum.

Flächen, auf denen „die Natur sich selbst reguliert", wie man es oft hört, gibt es schlicht nicht mehr.

Arten, die mit den Veränderungen der Umgebung nicht zurechtkommen, verschwinden. Sie verlieren ihren Lebensraum, können sich nicht mehr ernähren oder fortpflanzen und drohen auszusterben. Zuerst nur lokal, in bestimmten Gebieten, dann vielleicht auf großer Fläche und wenn keine geeigneten Gegenmaßnahmen gefunden werden, schließlich sogar vollständig.

Besonders bekannte Beispiele für diese Problematik sind Rebhuhn und Feldhase, deren Populationen seit Jahren zurückgehen. Die Produktionsmethoden der modernen Landwirtschaft haben dazu geführt, dass die Größe der Felder stetig zunimmt und dabei Grenzlinien, Hecken und Brachflächen zusehends verschwinden. Das macht beiden Arten schwer zu schaffen.

Andere Tiere profitieren von den Veränderungen durch den Menschen und vermehren sich besonders stark. Wildschweine finden im Augenblick optimale Lebensbedingungen: Reichlich Mais, viel Getreide, dazu Raps im Frühsommer und dazwischen Wälder mit ordentlich Unterwuchs und Gestrüpp zum Verstecken. Rehe gibt es durch Landwirtschaft und Waldbau heute ebenfalls besonders zahlreich und die aktuelle Forderung, verstärkt auf Laubbäume zu setzen, kommt ihren Ernährungsgewohnheiten sogar noch einmal entgegen.

JAGD ALS NACHHALTIGE NUTZUNG

In dieser menschengemachten Landschaft findet die Jagd statt. Sie ist wie Land- und Forstwirtschaft eine Form der Landnutzung: statt Holz und Feldfrüchten wird Wildfleisch „erzeugt". Trotzdem gibt es keine Flächen, die ausschließlich für die Jagd genutzt werden – umgekehrt aber kaum Gebiete ohne Jagd.

Außerhalb der Städte und Dörfer wird überall gejagt, auf den Feldern, den Wiesen und in den Wäldern. Unmittelbar hinter dem letzten Gartenzaun beginnt in der Regel ein Jagdrevier. Das Recht auf einer Fläche zu jagen liegt zunächst bei den Eigentümern, häufig wird es aber verpachtet. Der Fall, dass Eigentum, Jagd und Bewirtschaftung in einer Hand liegen, ist ausgesprochen selten. Trotzdem sind jagdliche, waldbauliche und landwirtschaftliche Nutzung eng miteinander verflochten. Gibt es Probleme mit wildlebenden Tieren, sind die Jägerinnen und Jäger vor Ort die ersten Ansprechpartner. Nur sie dürfen beispielsweise Wildschweine schießen, die frisch gesäte Maiskörner wieder ausbuddeln, oder Rehe erlegen, die gepflanzte Bäume anknabbern.

BILD OBEN LINKS:
Im Getreide sieht es aus „wie Sau":
Wildschweine haben reifende Ähren gefressen
und auf großer Fläche Halme umgedrückt.

OBEN: Durch übermäßigen Verbiss ist die linke Tanne krumm und schief gewachsen, erholen wird sie sich nicht mehr. Die rechte Tanne wurde nicht verbissen und ist bereits so hoch, dass Rehe ihre Spitze nicht mehr erreichen können. Sie kann einen wertvollen, geraden Stamm entwickeln.

DER UMGANG MIT WILD & WILDSCHÄDEN

Wilde Tiere ecken in einer fast vollständig vom Menschen genutzten Landschaft an. „Wildschäden" werden alle von Wildtieren verursachten Veränderungen genannt, die der Planung des Menschen zuwiderlaufen:

Hirsche, die es sich im Getreidefeld schmecken lassen. Rehe, die die Triebe gerade erst gepflanzter Bäume abfressen, bis diese nur noch krumm und schief aufwachsen oder sogar eingehen. Wälder, in denen sich aus dem gleichen Grund bestimmte Baumarten nicht mehr natürlich vermehren können. Wildschweine, die Weidefläche umgraben oder eigenmächtig Maiskolben ernten. Nur wo es kein Wild gibt, kann es keine Schäden geben – doch wer möchte schon eine Landschaft ohne Tiere?

Trotzdem können diese Schäden natürlich ein echtes Problem sein. Man kann einfach mal ausprobieren, was passiert, wenn man ein Pfund Maiskörner irgendwo am Waldrand versteckt und ein paar Tage abwartet – mit großer Wahrscheinlichkeit sind sie längst verschwunden, wenn man nachsehen geht. Aus der Perspektive eines Wildschweins wird es ungefähr das Gleiche sein, wenn ein Landwirt Ende April ein Maisfeld anlegt: Er versteckt auf einer größeren Fläche leckere Maiskörner, ganz knapp unter der Erdoberfläche. Ein Festmahl!

Wildschäden bedeuten Ertragseinbußen für diejenigen, die die Flächen bewirtschaften. Im Jagdpachtvertrag wird häufig festgelegt, dass die für die Fläche zuständigen Jäger die durch bestimmte Arten verursachten „ersatzpflichtigen Wildschäden" bezahlen müssen. Die Besitzer und Bewirtschafter der Flächen nehmen ihre Jägerinnen und Jäger dadurch ganz unmittelbar in die Pflicht – wer die Wildbestände in seinem Revier nicht im Griff hat, muss in die Tasche greifen.

Bei einigen Wildarten ist sogar vorgeschrieben, dass im Voraus verbindlich festgelegt wird, wie viele Tiere im Jahr im Revier erlegt werden sollen. Dieser „Abschussplan" wird von den zuständigen Jägern gemeinsam mit Vertretern der Grundeigentümer erarbeitet und anschließend von der Jagdbehörde bestätigt. Sind die Grundeigentümer der Meinung, dass die Schäden, die das Wild an jungen Bäumen oder Feldfrüchten verursacht, zu hoch sind, werden sie auf höhere Zahlen drängen. Haben die Jagdpächter umgekehrt das Gefühl, dass durch den Plan die Gefahr bestehen würde, den Bestand einer Wildart übermäßig zu dezimieren, werden sie widersprechen: Immerhin bezahlen die Jäger bereits eine Pacht dafür, dass sie das Revier nutzen dürfen, eben weil dort Wildtiere leben und entsprechend auch erlegt werden können. Nicht zuletzt deshalb setzen sie sich dafür ein, dass ein gewisser Wildbestand toleriert werden muss. Eine Landschaft ist keine Fabrikhalle. Jägerinnen und Jäger fordern beruhigte Ecken als Rückzugsgebiete für das Wild oder möchten auf kleinen Flächen „Wildäcker" anlegen, auf denen sich die Tiere ungestraft bedienen können. Sie möchte schließlich auch im darauffolgenden Jahr noch Beute machen und Wildfleisch essen oder vermarkten.

EINEN AUSGLEICH FINDEN

Wildschadenszahlungen, Abschussplan und Pachtvertrag sorgen im schlimmsten Fall für heftige Diskussionen und endlosen Streit – und im Idealfall dafür, dass langfristig tragfähige Kompromisse gefunden werden. In der menschengemachten Kulturlandschaft können Wildtiere für bestimmte Interessengruppen Schädlinge sein, schrecklich verfressen und viel zu zahlreich. Gleichzeitig können die Wildbestände auf der gleichen Fläche aus einem anderen Blickwinkel als zu gering oder dringend auf Unterstützung angewiesen erscheinen.

Diese Widersprüche kann die Jagd nicht immer lösen, aber sie bringt die Vertreterinnen und Vertreter der verschiedenen Ansichten an einen Tisch. Regelmäßig müssen die untereinander gleichberechtigten Nutzer des gleichen Gebiets versuchen, einen Ausgleich zwischen ihren Anliegen zu vereinbaren, und anhand der äußeren Umstände immer wieder neu definieren, was „angemessene Wildbestände" sind. Die Kernaufgabe der Jagd ist nicht weniger, als einen respektvollen, nachhaltigen Umgang mit den wildlebenden Bewohnern der menschengemachten Kulturlandschaft zu finden.

30 WILD & JAGD

WILD ALS LEBENSMITTEL

VORURTEILE GEGENÜBER WILD

Wildtiere leben frei in unserer von Menschen gestalteten Kulturlandschaft. Was das Wort „artgerecht" für sie bedeuten soll, entscheiden sie selbst.

Wildschweine etwa mögen Maisfelder, dichtes Gestrüpp und matschige Stellen zum Suhlen. Rehe hingegen bevorzugen Waldränder und halboffene Landschaften mit vielen Büschen und Hecken. Feldhasen wiederum benötigen eine Vielfalt an Kräutern und abwechslungsreich strukturierte, kleine Felder. Die verschiedenen Arten suchen sich einen Lebensraum, der zu ihren Ansprüchen passt und wechseln ihn wieder, wenn er sich verändert, etwa durch die Ernte auf den Äckern. Wildtiere streiten und paaren sich, bekommen Nachwuchs und fressen was, wann und so viel sie wollen – und all das ganz ohne den direkten Einfluss des Menschen.

Diese Freiheit steht für mich im Vordergrund, wenn ich Wild auf dem Teller habe: Ein Stück Fleisch von einem Tier, das selbstbestimmt leben konnte und hoffentlich ein gutes, glückliches Dasein hatte.

Am Ende dieses Lebens stand ein lauter Knall. Ein vollkommen überraschender, vermutlich sogar schmerzloser Tod, plötzlich und unerwartet, mitten in der gewohnten Umgebung – kein Vergleich zu einem Transport im LKW zu einem großen Schlachthof.

Jahr für Jahr veröffentlicht der Deutsche Jagdverband Statistiken, die besagen, dass jeder der rund 80 Millionen Menschen in Deutschland in den letzten zwölf Monaten im Durchschnitt etwa 250 Gramm Wildfleisch konsumiert hat, das entspricht genau einer Portion pro Person. Mal werden einige Tiere mehr erlegt und verarbeitet, mal ist das Jagdglück weniger groß, aber im Großen und Ganzen schwanken die Zahlen kaum.

Obwohl ein Rehrücken häufig mit Begriffen wie „echtes Traditionsgericht" beschrieben wird, und ein Wildschweingulasch der „klassischen deutsche Küche, wie zu Omas Zeit" zugeordnet wird, spielt Wild im Ernährungsalltag dennoch kaum eine Rolle. Entsprechend wenig Erfahrung mit Wildfleisch haben die meisten Menschen: Streng soll es schmecken, aufgrund des berüchtigten „Wildgeschmacks", und für die komplizierte Zubereitung ist beinahe alchemistisches Wissen nötig: Muss man das Fleisch in Buttermilch einlegen, oder besser in Rotwein und Essig beizen? Beides? Oder gleich mit reichlich intensiven Gewürzen jeglichen Eigengeschmack überdecken? Geschmort wird Wild dann jedenfalls in lieblichem Rotwein oder Port, stundenlang, so viel ist sicher, und Klöße oder Kroketten, Rotkraut und eine halbierte Birne mit Preiselbeergelee haben unbedingt als Beilagen auf dem rustikalen Teller zu liegen ...

Falsch sind diese traditionellen Rezepte natürlich auch heute nicht. Ein- oder zweimal im Jahr mag ich einen klassischen Braten selbst sogar auch ganz gerne. Trotzdem ärgert es mich, wenn Wildfleisch auf Semmelknödel, Wacholderbeeren und schwere, braune Sauce reduziert wird – es hat entschieden mehr zu bieten!

WILDGESCHMACK UND „HAUTGOUT"

Wildfleisch lässt sich genau auf die gleiche Art zubereiten wie das Fleisch von Masttieren. Keine speziellen Techniken, keine Buttermilch, kein Geheimwissen. Für Reh lasse ich mich beispielsweise oft von Lamm-Rezepten inspirieren, bei Wildschwein orientiere ich mich manchmal an seinem domestizierten Verwandten. Wild schmeckt vom Grill und kurzgebraten aus der Pfanne, Wildhack aus dem eigenen Fleischwolf landet in Burgern oder Bolognesesauce.

Den berüchtigten „strengen Wildgeschmack" gibt es nicht, oder wenigstens nicht mehr.

Mit dem Eigengeschmack des Fleischs hatte er ohnehin wenig zu tun: Bis vor einigen Jahrzehnten verfügten auch Jäger noch nicht über die moderne Kühltechnik. Wild wurde erlegt und in den einigermaßen kalten Keller oder einfach in die Scheune gehängt, bis es verarbeitet werden konnte. War es zu warm, ließ es sich natürlich nicht immer vermeiden, dass das Fleisch sich veränderte: Es begann, sich zu verfärben, wurde schleimig und entwickelte einen unangenehmen Geruch. Heute würde man sich ärgern, weil es verdorben und ungenießbar ist. Damals kam das offenbar so häufig vor, dass genau dieser Zustand schließlich als typische Eigenschaft von Wildfleisch gesehen wurde: Faulig-süßlicher „Wildgeschmack" wurde als „Hautgout" bezeichnet. Wörtlich aus dem Französischen übersetzt bedeutet der Begriff *haut goût* „hoher Geschmack" – und galt damals als Qualitätsmerkmal.

Das hat sich zum Glück gründlich geändert: Wild wird nach den gleichen Vorgaben verarbeitet wie das Fleisch von Schlachttieren. Jägerinnen und Jäger bringen ihre Beute nach der Jagd schnellstmöglich in hochmoderne Wildkühlschränke, in großen Revieren oder Forstbetrieben sind sogar geräumige Kühlräume vorhanden. Das bereits ausgenommene Tier reift dann mehrere Tage bei wenigen Grad unter kontrollierten Bedingungen. In dieser Zeit durchläuft das Fleisch enzymatische Prozesse, es wird zarter und aromatischer. Erst danach wird das Wild zugeschnitten und zubereitet oder eingefroren.

NASSREIFUNG

Bevor es in der Pfanne landen kann, muss Fleisch einen Reifeprozess durchlaufen. Ganz frisch wäre es ungewohnt gummiartig im Biss und sehr dunkel im Anschnitt, aus Neugier habe ich das einige Male versucht – Fazit: an der Reifung führt kein Weg vorbei.

Die meisten Jäger lassen ihr Wild trocken reifen: Die Beute hängt bereits ausgenommen, aber noch im Ganzen und meistens mit Fell in einen Kühlraum, erst nach einigen Tagen wird das Tier gehäutet, zugeschnitten und verarbeitet. Dieses bewährte Verfahren funktioniert hervorragend, trotzdem habe ich irgendwann eine Alternative ausprobiert: Bei der Nassreifung wird das Tier bereits unmittelbar nach der Erlegung gehäutet und zugeschnitten, es reift anschließend in einer Vakuumverpackung. Dieses Verfahren ist auf Schlachthöfen inzwischen üblich, und das – immerhin als besonders hochwertig geltende – Rindfleisch aus Südamerika reift, ebenfalls bereits verpackt, während der langen Fahrt über den Atlantik.

Der große Vorteil dieser Vorgehensweise liegt auf der Hand: Das zugeschnittene Fleisch benötigt deutlich weniger Platz und ist leichter zu transportieren als ein ganzes Tier. Ich nutze die Nassreifung im Herbst und Winter gerne, weil es dann kühl genug ist, um noch im Wald das Fleisch in Ruhe zuzuschneiden, ohne dass Insekten bei der Arbeit stören. Indem ich meine Beute im Revier zuschneide, spare mir die Wege, die nötig wären, um ein ganzes Tier erst in einen Kühlraum zu schaffen, um es einige Tage später wieder abzuholen und zu verarbeiten. Außerdem ist, anders als bei der „Trockenreifung" des ganzen Tieres, bei vakuumverpacktem Fleisch keine Luftbewegung im Kühlraum erforderlich. Schon ein normaler Kühlschrank reicht für die Nassreifung aus. Einen geschmacklichen Unterschied im Vergleich zwischen trocken und nass gereiftem Fleisch konnte ich bisher nicht erkennen.

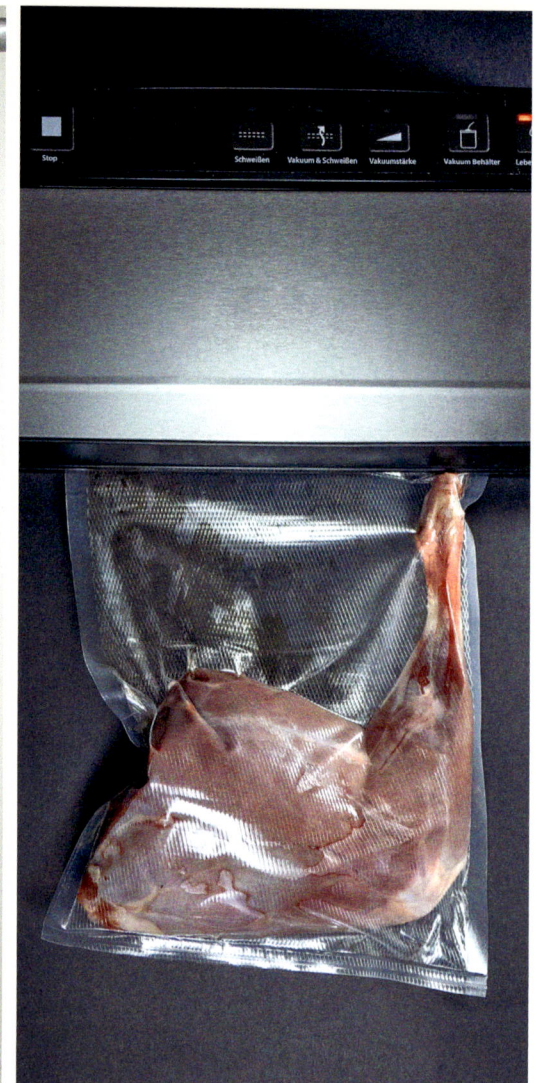
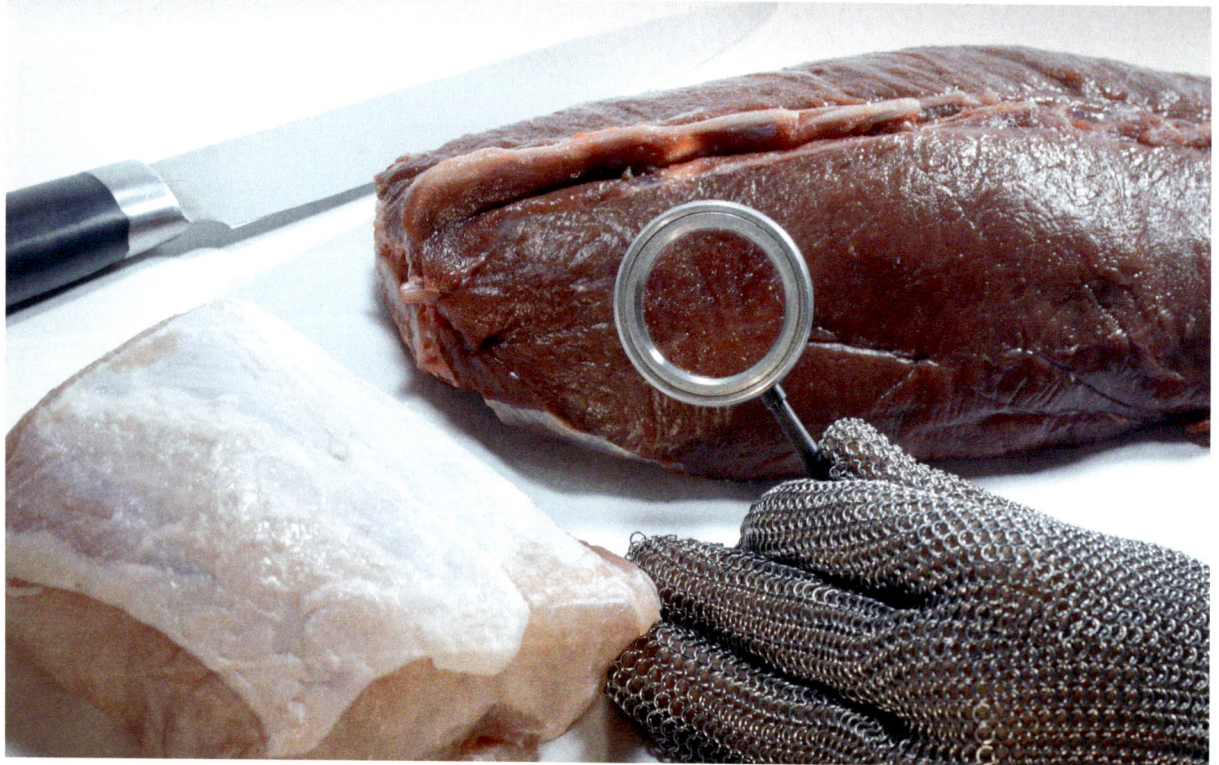

Zur Praxis der Nassreifung:

Erlegen, ausnehmen, zerteilen und verpacken sind bei der Nassreifung ein einziger Arbeitsgang: Im Revier habe ich eine Vorrichtung, an der ich meine Beute hygienisch einwandfrei aufhängen kann. Die Decke lässt sich bei einem noch warmen Tier wesentlich leichter abziehen, und das Zerwirken in die beiden Schultern, Hals, Rücken, Rippen und Bauch und die Keulen dauert mit etwas Übung nur wenige Minuten. Die Teilstücke verpacke ich in Beutel und transportiere sie so in einer sauberen Kiste im Kofferraum.

Das Fleisch wird zu Hause sofort unter Vakuum eingeschweißt und reift dann einige Tage im Kühlschrank, bevor es zubereitet oder ausgebeint und eingefroren werden kann. Der einzige Nachteil ist, dass der ganze Ablauf nur funktioniert, wenn ich gut vorbereitet bin: Neben den üblichen Jagdutensilien unbedingt benötigt werden Fleischerhaken, Vakuumbeutel, eine Zerwirkschere und saubere Messer – ich selbst nehme immer gleich drei oder vier mit, da man sie „draußen" schlecht abwaschen kann.

Wildschweine müssen auf Trichinen untersucht werden, bevor sie zugeschnitten werden dürfen, für sie ist das Verfahren deshalb nicht geeignet. Außerdem darf im Revier zerteiltes Wild natürlich nicht weiterverkauft werden, egal wie sauber gearbeitet wurde.

WAS IST DAS BESONDERE AN WILD?

Obwohl es den einen „Wildgeschmack" eben nicht gibt, bringt selbstverständlich jede Wildart ihre eigene, charakteristische Note mit. Geschmack in Worte zu fassen ist schwierig, aber grundsätzlich lässt sich sagen, dass Wildfleisch relativ dunkel und vergleichsweise mager ist. Besonders gut ist das zu erkennen, wenn je ein Stück Fleisch von Wild- und Mastschwein nebeneinander liegen: Während das Hausschweinefleisch rosarot gefärbt und weich ist, und häufig einen ordentlichen Fettrand aufweist, ist das Fleisch seines wilden Verwandten deutlich fester, außerdem hat es weniger Fett und eine kräftige, tiefrote Farbe.

Sieht man sich die lebendigen Tiere und ihre Lebensbedingungen an, werden die Ursachen für diesen Unterschied sofort deutlich. Ein konventionelles Mastschwein wird in der Regel mit gut sechs Monaten geschlachtet. Es hat dann ein „Schlachtgewicht" von knapp 100 Kilogramm, gewogen bereits ohne Innereien, Blut, Hirn und Rückenmark. Ein sechs Monate altes Wildschwein wird noch Frischling genannt. Je nach Jahreszeit und Ernährungsangebot hat dieser Frischling ein Gewicht von höchstens 25 Kilo, ebenfalls bereits ausgenommen. Ohne Mastfutter und Leistungszucht ist er langsamer gewachsen. Um Fraß zu finden, ist er mit den anderen Tieren seiner Rotte Nacht für Nacht herumgezogen und hat dabei große Entfernungen zurückgelegt. Im Vergleich zu seinem domestizierten Altersgenossen ist er geradezu ein Leistungssportler.

Das, was wir als Fleisch kaufen, sind die Muskeln der Tiere. Beim Wildschwein sind sie kräftig trainiert und gut durchblutet, das sieht und schmeckt man. Das Mastschwein in seinem Stall hatte weniger Bewegung, aber durch das Futter Zugang zu reichlich energiereicher Nahrung. Es ist ... nun ja, höflich ausgedrückt vielleicht ein winziges bisschen moppelig. Auch in gegartem Zustand bleibt das „wilde" Fleisch dunkler, es ist etwas kerniger im Biss, außerdem hat es auch ungewürzt einen intensiveren Eigengeschmack – dieses Beispiel lässt sich auch auf die anderen Wildarten übertragen.

WILD KAUFEN

Die beste Lösung für Menschen, die ihr Wild nicht selbst erlegen, ist meiner Meinung nach, das Fleisch direkt von Jägerinnen und Jägern vor Ort zu beziehen. Viele Jägerinnen und Jäger erbeuten mehr Fleisch, als sie und ihr Umfeld verbrauchen, sie verkaufen ihr Wild oft im Freundes- und Kollegenkreis. Wer selbst noch keine Jäger kennt, kann auf wild-auf-wild.de per Postleitzahlsuche nach Anbietern in der eigenen Region suchen. Auch viele Landfleischereien haben vor allem im Herbst regionales Wildfleisch in der Kühltheke oder können es zumindest besorgen. Ein weiterer guter Ansprechpartner sind auch die landeseigenen Forstämter. Sie sind für die Jagd in den von

EIN GANZES TIER KAUFEN?

Ein ganzes Tier zu kaufen, das klingt zunächst abwegig. Ein kaum zu bewältigender Fleischberg – wer soll das bitte alles essen? Tatsächlich ergibt aber zum Beispiel ein Reh ohne Fell, Knochen und Innereien nicht annähernd einen Berg, nicht einmal einen Hügel. Gerade mal 6–8 Kilogramm Fleisch bleiben von einem ausgewachsenen Tier, wenn es erst küchenfertig verarbeitet wurde. Rehe sind nicht groß, und weite Teile des Lebendgewichts entfallen auf Fell, Knochen, Blut und die inneren Organe – Muskelfleisch macht letztlich nur ungefähr ein Drittel des Gesamtgewichts aus.

Bei Wildschweinen ist es ähnlich: Ein Frischling, der bereits ausgenommen am Eingang zum Kühlraum 20 Kilo auf die Waage bringt, liefert zugeschnitten nur etwa 8 Kilo reines Fleisch. Das ist natürlich immer noch zu viel, um das Fleisch frisch zu verarbeiten – aber diese Menge passt schon ohne weiteres in das Gefrierfach eines normalen Kühlschranks.

Schnell wieder verbraucht ist sie auch: Für eine durchschnittliche Portion, mit Beilagen oder Salat, rechnet man 250 Gramm Fleisch. Ein ganzes Reh ergibt gerade mal sieben oder acht Mahlzeiten für vier Personen.

ihnen bewirtschafteten Waldgebieten zuständig, einige haben mittlerweile feste Wildverkaufsstellen eingerichtet. Sogar Supermärkte bieten Wild zu erstaunlich günstigen Preisen in den Kühltheken an. Man sollte allerdings wissen, dass dieses Fleisch häufig nicht von freilebenden Tieren, sondern von eingezäunt lebendem „Gatterwild" stammt. Nicht selten wird es aus Neuseeland importiert.

WANN GIBT ES WILD?

Glaubt man den Speisekarten der Restaurants und den Schildern der Metzgereien, beginnt die Wildsaison ungefähr im Oktober, vielleicht etwas früher, und endet mit Weihnachten. Das ist auch die Zeit, in der man die Jagd als Außenstehender wohl am häufigsten wahrnimmt: Jagdgesellschaften versammeln sich in signaloranger Kleidung auf Parkplätzen, Wanderwege werden wegen Drückjagden gesperrt und manchmal hört man vielleicht sogar knallende Schüsse in einem sonst ruhigen Waldgebiet. Betrachtet man allerdings den Geschmack des Fleischs und die Rezepte, gibt es keinen Grund, Wildfleisch nicht auch im Frühjahr und Sommer zu essen – mir schmeckt Rehrücken an einem warmen Grillabend eigentlich am besten.

Leider ist Wild aber nicht zu jedem Zeitpunkt gleichermaßen verfügbar. Grundsätzlich kann man sagen, dass Herbst und Winter die ertragreichsten Jahreszeiten für die Jägerinnen und Jäger sind – und daher auch die besten für Wildgenuss. Die Gründe sind vielfältig.

JAGD- UND SCHONZEIT

Zunächst ist Wildfleisch per se ein saisonales Lebensmittel.

Enten, Gänse und Hasen werden beispielsweise ausschließlich im Herbst und Winter gejagt, ansonsten ist ihr Fleisch höchstens eingefroren zu bekommen. Ob und wann die einzelnen Arten erlegt werden dürfen, ist in den Jagdgesetzen und -verordnungen festgelegt. Schonzeiten sollen dem Wild vor allem während der Geburt und Aufzucht der Jungtiere im Frühjahr und Sommer und in der nahrungsarmen Zeit im Spätwinter die nötige Ruhe lassen. Außerdem sind nicht alle Jahreszeiten für die Jagd günstig, auch das Wetter spielt eine große Rolle. Im Spätsommer und Frühherbst füllen die Tiere beispielsweise die Fettreserven für den Winter auf, und entsprechend engagiert suchen sie nach Nahrung. Bei vielen Arten ist das eine Zeit, zu der die Tiere besonders aktiv sind, und demnach auch den Jägerinnen und Jägern häufiger über den Weg laufen.

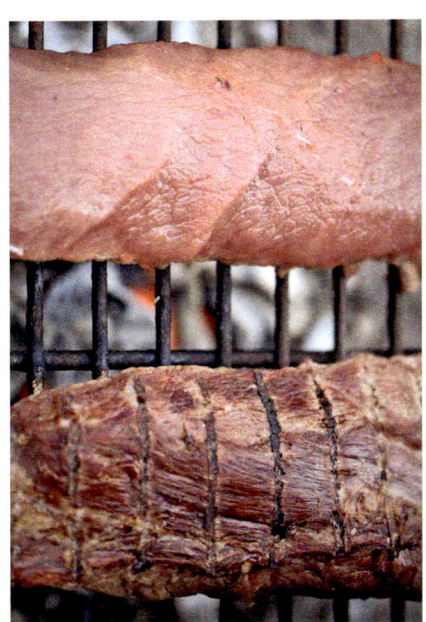

Trotzdem gibt es auch in den anderen Monaten Wild zu kaufen, nur eben in geringerer Auswahl. Rehböcke etwa können bereits ab Mai und oft bis in den Januar hinein erlegt werden. Aufgrund der von ihnen verursachten Schäden in der Landwirtschaft dürfen Wildschweine in den meisten Ländern sogar das ganze Jahr über geschossen werden.

JAGDGLÜCK

Zusätzlich schwankt das Angebot ganz einfach mit dem Jagdglück. Gerade wenn man direkt beim Jäger des Vertrauens kauft, kann der auch mal eine Pechsträhne haben. Dann heißt es abwarten und Geduld beweisen, auch für Wildkunden. Umgekehrt kommt es aber auch vor, dass etwa im Rahmen der Getreideernte im Sommer deutlich mehr Wildschweine als erwartet erlegt werden, oder dass im Herbst eine Drückjagd erfolgreicher verläuft als gedacht. Die Gefriertruhen sind dann plötzlich randvoll und der Jäger ist jedem Käufer beinahe dankbar.

Eine präzise kalkulierte Lagerhaltung und regelmäßige Lieferungen gibt es bei Wildfleisch nicht, oder nur beim Großhändler. Noch kurz vor knapp Mitte Dezember ein Reh erlegen, bloß weil jemand auf den letzten Drücker gerne einen Rehrücken zu Weihnachten haben möchte? Kann funktionieren, aber das klappt nicht immer. Ein Wald ist nun einmal kein Supermarkt.

ZAHLEN UND PREISE

Die Preise für Wildfleisch unterscheiden sich stark. Es kommt dabei auf die Wildart, die Region und vor allem auf den Verarbeitungsgrad an. Bereits perfekt zugeschnittene Steaks sind aufs Kilo umgerechnet erheblich teurer als ein ganzes Tier, durch den Arbeits- und Verpackungsaufwand ist das gerechtfertigt. Ein guter Kompromiss zwischen Preis und Aufwand sind für viele Wildkäufer größere Teilstücke, wie beispielsweise eine ganze Keule oder ein Rücken mit Knochen.

Alle genannten Preise sind grobe Richtwerte und gelten für den Kauf direkt beim lokalen Jäger. Metzgereien und Wildhändler sind in der Regel teurer, auch in Ballungsräumen können die Preise etwas höher ausfallen.

Mit „Haut und Haaren" und direkt beim Jäger sind für bereits ausgenommenes Reh-, Dam- und Rotwild 3–6 Euro pro kg Körpergewicht angemessen. Für ein ganzes Wildschwein sollte der Preis sich ungefähr im Rahmen von 2–4 Euro pro Kilo bewegen. Hasen und Enten werden häufig pro Stück berechnet, 10–20 Euro für einen Hasen und 5–15 Euro für eine Ente sind üblich. Auch diese Tiere wurden vor dem Verkauf ausgenommen.

Die Kosten für bereits fertig zugeschnittenes Fleisch variieren je nach Teilstück: Am teuersten sind die Rückenstücke von Reh-, Dam- und Rotwild mit 30–40 Euro/kg, gewogen bereits ohne Knochen. Wildschweinrücken ohne Knochen ist bereits ab 20–25 Euro/kg zu haben, wesentlich mehr als 30 Euro/kg sollte er nicht kosten.

Die Keule und ihre ausgelösten Teilstücke wie Nuss, Ober- und Unterschale sind rund ein Drittel günstiger. Ein Geheimtipp sind Schulter oder Hachse: Beide Zuschnitte werden vergleichsweise selten nachgefragt und sind entsprechend günstig, sie sollten gerade mal halb so viel wie Rücken kosten.

Unterm Strich ist Wildfleisch damit teurer als Fleisch aus den Kühlregalen der Supermärkte – angesichts der fantastischen Fleischqualität meiner Meinung nach völlig zu Recht. Gleichzeitig ist Wildfleisch erheblich günstiger als die Preise, die im Bioladen für Fleisch mit Brief und Siegel aufgerufen werden – und das das bei echter »Freilandhaltung«!

FLEISCH-HYGIENE

Für Schlachttiere sind in Deutschland gleich zwei amtstierärztliche Untersuchungen vorgeschrieben: Vor der Schlachtung werden zunächst bei der „Lebendbeschau" Gesundheitszustand und arttypisches Verhalten begutachtet. Nach dem Tod folgt die „Fleischbeschau". In diesem zweiten Schritt werden dann die inneren Organe auf Veränderungen und Krankheiten untersucht.

Auf der Jagd sind tierärztliche Untersuchungen unmöglich.

SICHERER WILDGENUSS

Stellen wir uns eine übliche Erlegungssituation vor: Eine Jägerin sitzt am Sonntagmorgen auf ihrem Hochsitz. Bald wird die Sonne aufgehen, der Amtstierarzt liegt vermutlich noch in den Federn. Ein Reh kommt vorbei. Es wirkt kräftig und verhält sich so, wie gesunde Rehe sich eben verhalten: es zupft an Kräutern, stakst durch den Wald und sieht sich hin und wieder nach Fressfeinden um. Die Jägerin beobachtet es eine Weile, bestimmt das Geschlecht und das Alter und überlegt, ob das Tier Jagdzeit hat. Das Reh ist ein einjähriges Weibchen ohne Nachwuchs und darf im Mai erlegt werden. Es nähert sich dem Rand der Lichtung, gleich wird es wieder im Dickicht verschwinden …
Der Schuss fällt.

Kurz darauf nimmt die Jägerin das Tier aus, das sollte nach der Erlegung möglichst schnell geschehen. Sie kontrolliert während der „roten Arbeit", ob die Organe gesund sind. Schon im Jagdscheinkurs hat sie gelernt, welche Form, welche Konsistenz und welche Farbe sie haben müssen, und auf welche „bedenklichen Merkmale" besonders zu achten ist. Vor allem aber weiß sie, dass beim geringsten Zweifel das gesamte Tier und alle Innereien beim Veterinäramt vorgelegt werden müssten. Nachdem sie alle inneren Organe untersucht hat, ist die Jägerin überzeugt, dass das Tier kerngesund war. Keine Auffälligkeiten, dazu normales Verhalten: Sie wird einen Teil des Fleischs selbst essen, und den Rest verkaufen, immerhin steht das Pfingstwochenende vor der Tür und im Bekanntenkreis hatten schon einige nach wilden Grillsteaks gefragt.

MUSS MAN WILD DURCHGAREN?

Lebend- und Fleischbeschau werden bei Wild nicht von Tierärzten, sondern von Jägerinnen und Jägern durchgeführt. Sie dürfen ihre Beute selbst untersuchen und gesundes Wild als „Primärprodukt" anbieten – ein großes Privileg und eine noch größere Verantwortung. Das Verfahren hat sich seit Jahrzehnten bewährt, doch auf das Restrisiko möchte ich an dieser Stelle trotzdem hingewiesen haben: Es lässt sich nicht leugnen, dass eine Jägerin, die im Jahr vielleicht zwanzig Tiere ausnimmt, nicht das Wissen einer Amtstierärztin hat. Ein Jagdkurs kann ohnehin nicht mit einem Studium verglichen werden. Allerdings muss die Jägerin eben auch keine Diagnose stellen. Es reicht, wenn sie zuverlässig erkennt, falls ein Organ vergrößert, verfärbt oder anderweitig verändert ist.

Manche mögen ein Steak am liebsten beinahe roh. Schneidet man es auf, ist das Fleisch unter der Kruste noch rot, genau wie der austretende Fleischsaft. Das Gegenstück dazu ist ein durchgegartes Stück, bis in den Kern auf mindestens 70 °C erhitzt und im Querschnitt einheitlich grau – und trocken. Manche Menschen nennen ein solches Steak abfällig „totgebraten". Über Geschmack lässt sich streiten, aber der Begriff passt: Durch die hohe Temperatur hat sich nicht nur das Fleisch verändert, auch eventuell vorhandenen Keime und Mikroorganismen wurden buchstäblich totgebraten.

Für Wild wird oft pauschal empfohlen, das Fleisch in jedem Fall durchzugaren. Ältere Kochbücher schaffen an diesem Punkt einfach Tatsachen, durch lange Garzeiten und hohe Temperaturen. Es ist allerdings kein Zufall, dass dieselben Bücher in der Regel an irgendeiner Stelle darauf hinweisen, dass Wildfleisch zum Austrocknen neigen würde: Und tatsächlich kann nach drei Stunden bei 180 °C im Ofen das Fleisch meiner Erfahrung nach nur noch trocken sein. Die Rezepte wirken dem wiederum mit Unmengen von Schweinespeck zum Spicken oder Umwickeln entgegen.

Die Bilder in diesem Buch zeigen immer wieder rosa gebratenes Fleisch und die in den Rezepten angegebenen Garzeiten ergeben kein einheitlich graues, sondern saftiges, rosafarbenes Fleisch auf dem Teller – trotzdem hat die Aussage „Wild unbedingt durchgaren" eine gewisse Berechtigung.

Tierwohl, Erzeugernähe, ökologischer Fußabdruck – überall ist Wild Trumpf.

Der enorm hohe Standard bei der Lebensmittelsicherheit, der für Schlachttiere gilt, kann auf der Jagd allerdings beim besten Willen nicht eingehalten werden. Frei und selbstbestimmt lebende Tiere entziehen sich auch Gesundheitskontrollen. Ich selbst esse meine Beute trotzdem nur bei Schmorgerichten durchgegart und gelegentlich sogar vollkommen roh, etwa als Carpaccio oder Tatar. Ich weiß, wo das Fleisch herkommt und bin bei der Verarbeitung penibel. Lebend- und Fleischbeschau führe ich gewissenhaft durch, und obwohl ich kein studierter Tierarzt bin, glaube ich zu wissen, was bei mir auf den Teller kommt. Probleme hatte ich dabei noch nie.

IST WILDFLEISCH „BIO"?

Wildfleisch ist grundsätzlich nicht „bio", auch wenn der Begriff oft in diesem Zusammenhang verwendet wird. Bei den Voraussetzungen für das Biosiegel geht es um ganze Produktionsketten: Aus Bio-Saatgut auf Bio-Flächen werden Bio-Pflanzen, die dann ein Bio-Schwein fressen kann, um dick genug für eine ordentliche Bio-Wurst zu werden. Es geht um lückenlose Nachvollziehbarkeit und Kontrolle.

Kontrolle und Wild, das passt nicht zusammen. Wild lebt eben nicht unter kontrollierten Bedingungen oder von zugeteiltem Futter, sondern frei und selbstständig. Niemand kann sagen, ob ein erlegtes Wildschwein sich den Bauch auf dem Bio-Kartoffelacker vollgeschlagen hat, oder auf dem konventionell bewirtschafteten Feld daneben. Damit erfüllt Wildfleisch nicht die nötigen Voraussetzungen für das Bio-Siegel.

Aber: Wer Bio kauft, kauft nicht nur die zertifizierte Herstellungskette, sondern vor allem ein Gefühl: Bio soll in der Regel auch bedeuten „besonders gut", und bei Fleisch und anderen tierischen Produkten auch „besonders tiergerecht". An dieser Stelle kann Wild punkten.

Um bei den Schweinen zu bleiben: Der Platz für das Bio-Schwein lässt sich selbstverständlich genau kontrollieren. Einem Mastschwein aus ökologischer Haltung stehen laut Verordnung mindestens 1,3 Quadratmeter im Stall zu, zusätzlich ein Quadratmeter Auslauf im Freien. Die Schweine werden wie ihre konventionellen Kollegen nicht einzeln gehalten, sondern in Gruppen auf entsprechend größeren Flächen und bestimmt bekommen sie in manchen Betrieben auch mehr Platz als vorgeschrieben. Trotzdem lässt sich nicht bestreiten, dass das freilebende Wildschwein doch ein klein wenig mehr Auslauf hat. Dazu kommt, dass es auch sein instinktives Sozialverhalten so ausleben kann, wie es das selbst für richtig hält: Frischlinge leben mit dem Rest der Rotte, sobald die Bache es ihnen zutraut. Kastriert wird niemand, weder mit, noch ohne Betäubung (Kastration ist auch mit Biosiegel ohne Betäubung erlaubt, wenn vor dem Eingriff Schmerzmittel gegeben werden), und die Jungtiere werden so lange gesäugt, wie es nötig scheint. Später müssen sie mit ihren älteren Verwandten über die Verteilung der Nahrung diskutieren, die jungen Männchen gehen dann irgendwann lieber eigene Wege. Wer sich wann und wo mit wem paart, ist bei Wildschweinen ein sehr eigenes Thema, das würde hier den Rahmen sprengen – aber auch das entscheiden die Tiere jedenfalls selbst.

Mir scheint dieses selbstbestimmte Dasein als die artgerechteste Lebensweise, Wild ist in dieser Hinsicht deutlich besser als Bio. Und selbst die Öko-Verordnung lässt ein Schlupfloch für Wild mit Siegel: Verarbeitete Lebensmittel dürfen als Bio bezeichnet werden, „im Verzeichnis der Zutaten und im selben Sichtfeld wie die Verkehrsbezeichnung", vorausgesetzt, „die Hauptzutat ist ein Erzeugnis der Jagd oder der Fischerei". Ein Wildschweingulasch mit Fleisch vom freilebenden Schwarzwild, bei dem alle anderen Zutaten aus biologischem Anbau stammen, schmeckt also auch den strengsten Siegel-Fetischisten.

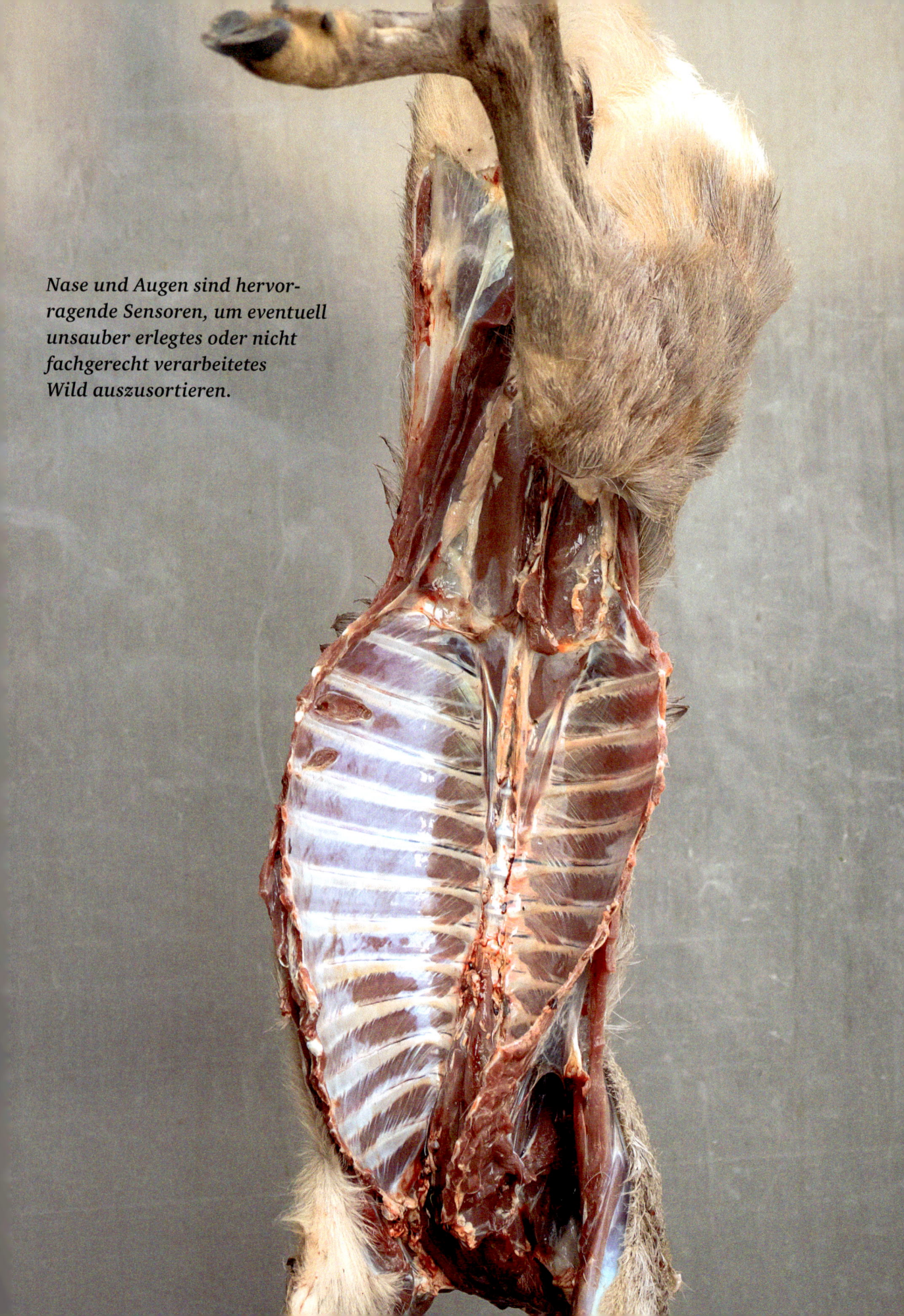

Nase und Augen sind hervorragende Sensoren, um eventuell unsauber erlegtes oder nicht fachgerecht verarbeitetes Wild auszusortieren.

FLEISCHQUALITÄT BEURTEILEN

Die Jägerinnen und Jäger, mit denen ich zur Jagd gehe, vermarkten nur einwandfreies Wild, das sie selbstverständlich auch selbst mit Genuss zubereiten würden – sie geben nur deshalb hin und wieder Fleisch ab, weil sie manchmal mehr erlegen, als sie und ihre Familien essen können. Trotzdem höre ich gelegentlich von schwarzen Schafen, bei denen das angeblich anders wäre.

DEN EIGENEN SINNEN VERTRAUEN

Es ist allerdings nicht schwer, anständig verarbeitetes Wildfleisch zu erkennen.

Wild sieht aus wie „normales" Fleisch, riecht wie „normales" Fleisch und fühlt sich an wie „normales" Fleisch. Lediglich die Farbe kann ein wenig dunkler sein als bei Haustieren – ein unangenehmer Geruch, eine schleimige Oberfläche oder Verfärbungen ins Kupferfarbene oder Blaugrünliche sind nicht in Ordnung! Bereits zugeschnittene Teilstücke müssen absolut sauber sein. Die Oberfläche ist fest, nicht fransig zerrupft und niemals schmierig oder schleimig. Der Eigengeruch des Fleischs ist ein wenig metallisch, aber nur schwach wahrnehmbar und keinesfalls unangenehm oder urinartig.

WISSEN, WO ES HERKOMMT

Vom Umgang mit der Beute lässt sich auch auf deren Zustand schließen. Sichtbar verdreckte Arbeitsräume sind ein klares Ausschlusskriterium. Die Veterinärämter kontrollieren registrierte Wildkammern, ein Blick in den Kühl- und Verarbeitungsraum sollte auch für interessierte Wildkunden grundsätzlich jederzeit möglich sein. Schon der erste Eindruck dieser Räume verrät viel über die Einstellung zu Fleischhygiene allgemein und schafft Klarheit und Vertrauen. Neben dem sauberen, allerhöchstens sieben Grad kalten Kühlraum mit Thermometer, sollte auch das Wild in ordentlichem Zustand sein: Durch eine am Tierkörper befestigte Wildmarke lässt sich nachvollziehen, wann, wo und von wem das Tier erlegt wurde. Wild mit und ohne Fell hängt nicht gemeinsam in der Kühlung, die Stelle, an der der Schuss getroffen hat, wurde großzügig entfernt und der Bauchraum ist sauber, denn er wurde wenn nötig mit Wasser ausgespült. Blätter, Moos, Nadeln oder Erde in der Körperhöhle von unverarbeitetem Wild lassen auf den ersten Blick erkennen, dass schon beim Ausnehmen wenig auf Hygiene geachtet wurde. Solches Wild würde ich keinesfalls kaufen, und auch kein anderes Tier von jemandem, der solche Ware im Kühlraum hat. Angetrocknetes Blut, viele Haare oder, noch schlimmer, braun-grüne Kleckse stinkenden Mageninhalts, haben zu keinem Zeitpunkt etwas im Tierkörper oder am Fleisch verloren.

DER WILDURSPRUNGSSCHEIN

Zu der so genannten „Wildmarke", die bis zur Verarbeitung am Körper des Tieres befestigt bleiben muss, gehört ein „Wildursprungsschein". In dieses Formular wird eingetragen, wann, wo und von wem das Tier erlegt und ausgenommen wurde. Das ist wichtig, weil dadurch auch der oder die Verantwortliche für die Fleischbeschau eindeutig festgestellt werden kann.

Es lässt sich dadurch auch nachvollziehen, wie lange das Fleisch im Kühlraum gereift ist. Bei Wildschweinen wird außerdem vermerkt, dass Proben an das Veterinäramt abgegeben wurden: Ein Stück Fleisch aus dem Zwerchfell und ein zweites aus dem Unterarm müssen laut Gesetz auf einen möglichen Befall mit Trichinen untersucht werden. Diese Fadenwürmer sind extrem selten, aber sie wären mit bloßem Auge nicht zu erkennen. In einigen Regionen in Bayern und Baden-Württemberg, die nach dem Unfall von Tschernobyl besonders vom „Fallout" der Katastrophe betroffen waren, wird das Fleisch von Wildschweinen zusätzlich auch auf radioaktive Strahlung untersucht. Auch das ist dann auf dem Ursprungsschein notiert.

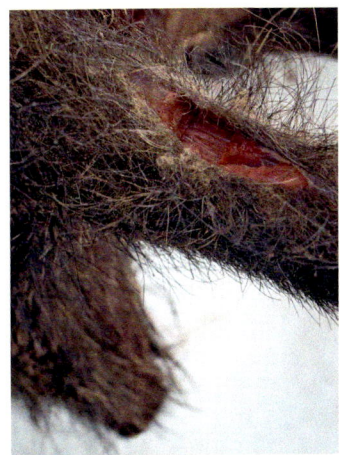

Für die Trichinenprobe wurde ein Stück Fleisch aus dem Vorderlauf geschnitten.

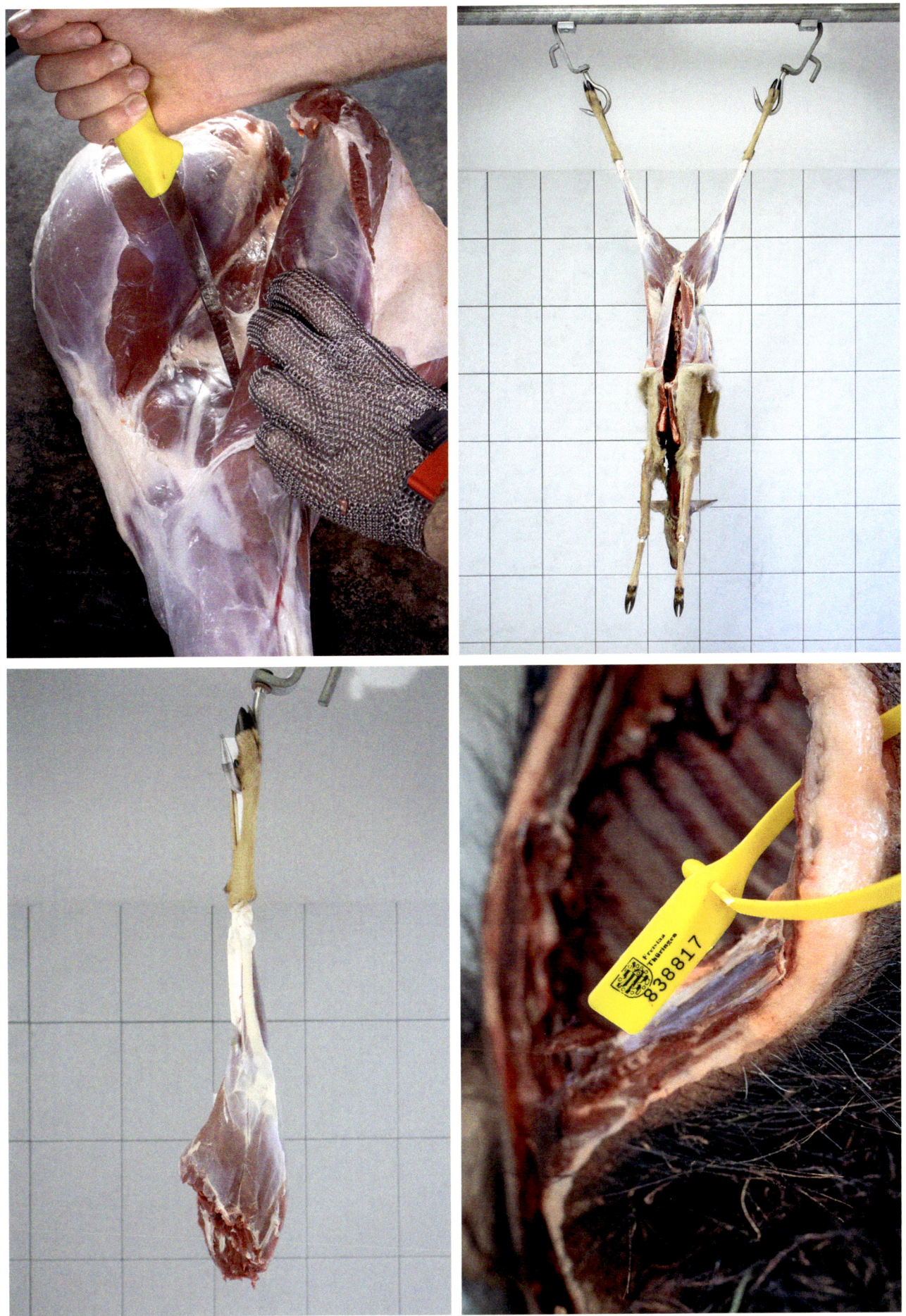

Eisbeine und Hachsen (links), Schultern (Mitte oben), Keulen (Mitte unten), Hals (rechts oben), Rücken mit Filets (Mitte rechts), etwas Fleisch von den Rippen und Bauchlappen (Mitte rechts und unten).

KÜCHEN-
PRAXIS

W ild ist kein streng normiertes Industrieprodukt. Der Geschmack des Fleischs der einzelnen Wildarten verändert sich im Jahreslauf mit der aufgenommenen Nahrung und dem Fettgehalt. Auch das Alter und der Hormonstand des verarbeiteten Tiers spielen eine Rolle.

WILDARTEN
UND TEILSTÜCKE

Die Rezepte in diesem Buch sind nicht nur nach Wildarten, sondern auch nach Zuschnitten geordnet. Die Entscheidung für ein bestimmtes Teilstück ist für die Zubereitung mindestens so wichtig wie die Wildart. Meine Lieblingsgerichte habe ich fast alle schon mit dem Fleisch unterschiedlicher Arten zubereitet.

Ein bisschen Vertrauen in die eigenen Geschmacksnerven ist bei Wild immer gefragt.

Es gibt weder ein Schlachtalter noch ein Zuchtziel. Vielleicht habe ich die Schulter eines sechs Monate alten Frischlings im Bräter, sie ist recht mager, vergleichsweise zart und wiegt gerade mal ein gutes Kilo. Das nächste Mal liegt das gleiche Teilstück vor mir, aber von einem dreijährigen Schwein, mit reichlich Fett, kräftigen Sehnen und fünf Mal so schwer wie die des Frischlings – „eine Wildschweinschulter" ist trotzdem die richtige Bezeichnung für beide Fleischstücke. Optimal herausgearbeitet wird der Geschmack jedes einzelnen Wildtiers und Fleischstücks letzten Endes beim behutsamen Abschmecken.

Wenn ich eine Wildart zum ersten Mal verarbeite, brate ich ein Stück Fleisch in Butterschmalz und probiere es zunächst ganz ohne Gewürze, dann mit Salz und Pfeffer. Wenn ich den Eigengeschmack kenne, kann ich später mit anderen Zutaten experimentieren und versuchen, passende Aromen zu finden.

Ein Rezept für Wildschweinschulter lässt sich nicht nur mit dem Fleisch ganz unterschiedlich alter und schwerer Tiere zubereiten, sondern auch mit einer Schulter von Reh- oder Damwild. Die Mengen und Garzeiten müssen wahrscheinlich angepasst werden, und vielleicht verändert man auch die Gewürze ein bisschen – aber grundsätzlich ist es ohne weiteres möglich, das gleiche Teilstück einer anderen Wildart zu verwenden. Einmal vom Schulterknochen gelöst, unterscheidet sich etwa das Fleisch von Reh-, Dam- und Rotwild in der Zubereitung kaum noch. Statt der Schulter einfach den Rücken eines Wildschweins zuzubereiten, würde hingegen kaum funktionieren.

FLEISCH IST
NICHT GLEICH
FLEISCH

In der Metzgerei wird Fleisch nicht nur bereits perfekt zugeschnitten und sauber pariert verkauft: in der Regel enthält auch schon die Bezeichnung eine klare Anweisung für die Zubereitung: „Vier Rouladen, ein

schönes, dickes Steak und 800 Gramm Gulasch." Auch im Supermarkt werden die verpackten Zuschnitte auf diese Art benannt. Welcher Teil des Tiers aber in der großen Schüssel für Gulaschfleisch gelandet ist, und aus welchem Teilstück die Rouladen geschnitten wurden, erfährt man bestenfalls auf Nachfrage. Und dann bekommt man häufig einen unbekannten Fachausdruck zu hören.

Den Überblick über die Vielzahl an Zuschnitten zu gewinnen, ist nicht ganz einfach. Zum einen gibt es für die einzelnen Muskeln fantasievolle Namen wie „Nuss", „Bürgermeisterstück" und „falsches Filet", die nichts über die Anatomie verraten. Zum anderen werden immer wieder auch englische oder französische Bezeichnungen ins Deutsche übernommen, dann existieren nebeneinander verschiedene Begriffe für den gleichen Zuschnitt: „Hochrippe", „Rib-Eye-Steak", „Kotelett" und „Côte de Boeuf" bezeichnen beispielsweise mehr oder weniger das gleiche Teilstück aus dem vorderen Bereich des Rückenmuskels, aus dessen hinterem Teil auch „Roastbeef", „Porterhouse-" und „T-Bonesteaks" geschnitten werden. Nicht jeder, der ein „Skirt Steak" auf den Grill wirft, ist sich bewusst, dass „Ongelet", „Saum-" und „Kronfleisch" das gleiche Körperteil sind – und dass ein Tierarzt vom „Zwerchfell" oder „Diaphragma" sprechen würde. Die lateinischen Namen der einzelnen Muskeln zu verwenden, wie es unter Medizinern üblich ist, wäre tatsächlich eine naheliegende Lösung – „ein schönes Stück *musculus erector spinae*" geht in der Metzgerei allerdings schwer über die Lippen.

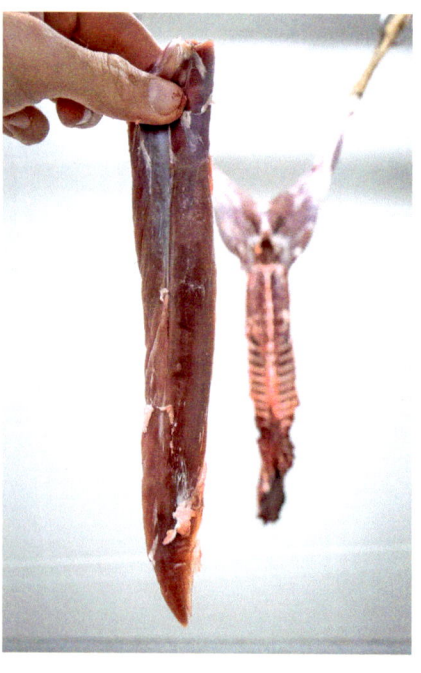

DAS BESTE TEILSTÜCK?

Möchte man Wild direkt beim Jäger kaufen – oder sogar selbst erlegen und verarbeiten – sind die Zuschnitte oft leichter zu erkennen. Zerteilt wird anhand der Anatomie in große Stücke: „Keule", „Rücken" und „Blatt", seltener auch „Träger" (Hals) und „Hachse" (Unterschenkel).

Dafür ergibt sich eine andere Herausforderung: Die Entscheidung, ob ein Zuschnitt besser lange geschmort, durch den Wolf gedreht oder nur kurz gebraten wird, muss man bei Wild nicht selten selbst treffen. Bereits fein in die einzelnen Muskeln zerlegt bekommt man diese größeren Teilstücke mit etwas Glück, aber hilfreiche Ratschläge gibt es nicht immer – Wildzubereitung wird bei der Jägerprüfung leider nicht abgefragt. Schon vor dem Kauf ist deshalb die wichtigste Frage, welches Teilstück eines Tieres für die geplante Art der Zubereitung geeignet ist. Wer einen Schmorbraten im Sinn hat, benötigt ein anderes Teilstück als jemand, der gerne Wild grillen will.

Ich mag alle Zuschnitte, ein bestes Teilstück gibt es meiner Meinung nach nicht.

Die verschiedenen Zuschnitte des Schlachtkörpers besitzen ganz unterschiedliche Qualitäten, und mit der richtigen Zubereitung wird jedes seinen vollen Geschmack entfalten. Durchwachsenes Fleisch aus den Extremitäten wird am besten lange geschmort, als Gulasch, Ragout oder Curry. Fleisch ohne Sehnen aus dem Rücken, der Keule und natürlich das im Bauchraum versteckte Filet eignet sich zum Kurzbraten, als Steak oder Schnitzel. Je weniger Sehnen und Bindegewebe im und am Fleisch zu finden sind, desto weniger Hitze benötigt es. Zähes oder trockenes Fleisch auf dem Teller ist fast immer das Resultat einer Garmethode oder -zeit, die nicht zum jeweiligen Zuschnitt passt.

Um schnell entscheiden zu können, wie man mit einem bestimmten Teilstück am besten umgeht, hat sich eine einfache Faustregel hervorragend bewährt:

Je weiter entfernt von „Haupt und Hufen" ein Zuschnitt sitzt, desto weniger Sehnen enthält er und desto besser ist das Fleisch zum Kurzbraten geeignet.

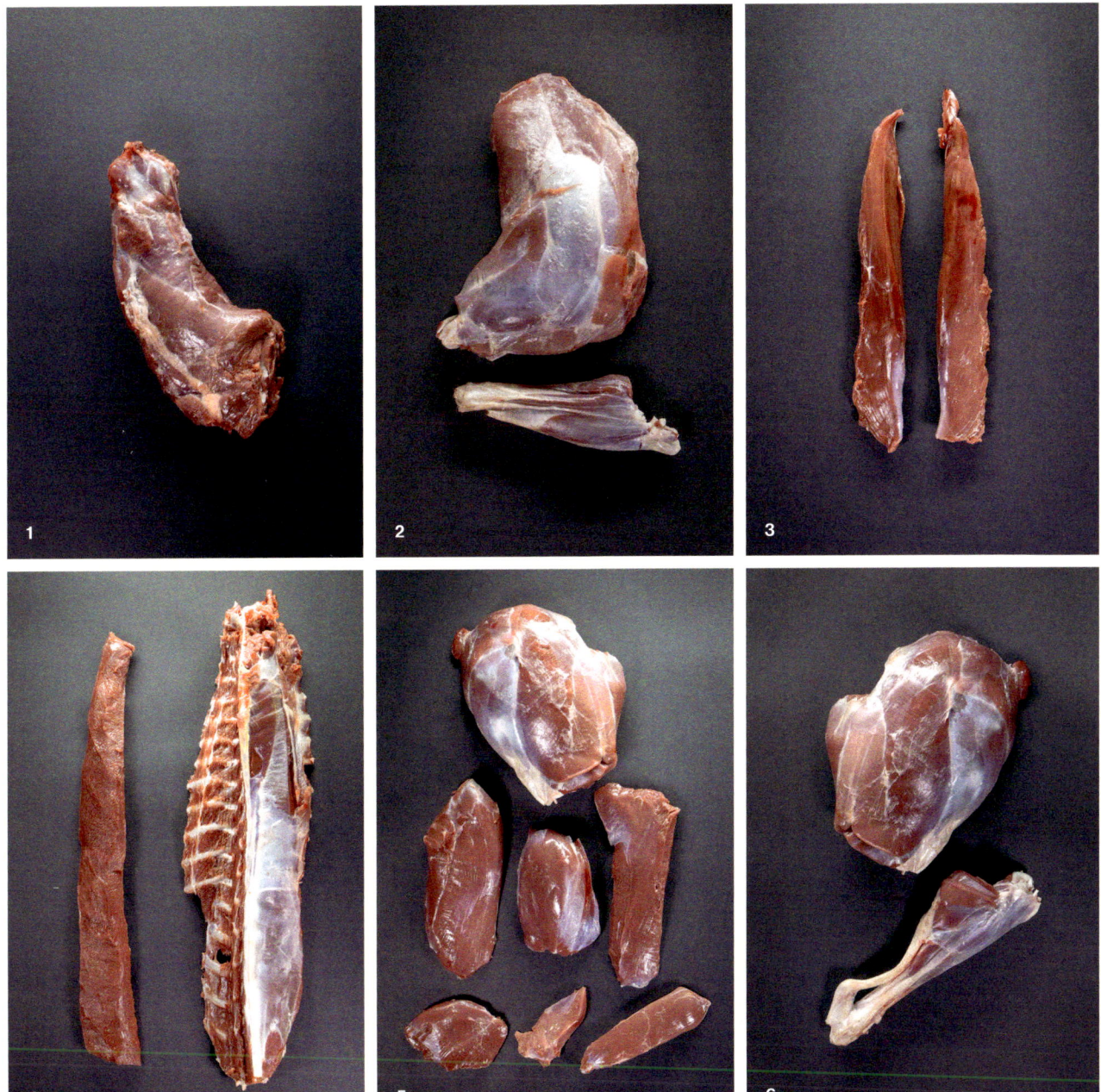

1 Hals

2 Rehschulter und abgetrenntes Eisbein

3 Zwei Filets – zusammen bringen sie gerade mal 150 Gramm auf die Waage. Sie machen nicht einmal ein Prozent des Lebendgewichts eines Tiers aus.

4 Rehrücken, eine Hälfte ausgelöst und pariert

5 Rehkeule, oben im Ganzen, darunter eine zweite, bereits zerteilt in die einzelnen Muskeln: Oberschale, Nuss, Unterschale, Hüfte, Bürgermeisterstück und Rolle

6 Rehkeule und abgetrennte Hachse

SCHMOREN: HALS, HACHSE, EISBEIN

Ein wirklich gelungenes Schmorgericht benötigt – neben reichlich Zeit – unbedingt eine gewisse Menge Sehnen und Bindegewebe, sonst wird das Fleisch trocken und die Sauce bleibt wässrig. Ideal sind die äußersten Extremitäten: Hals, Hachse und Eisbein. Diese Teilstücke sind ständig in Bewegung. Die Muskeln werden stark beansprucht und enthalten die meisten Sehnen. Das Fleisch dieser Zuschnitte ist deshalb für mich die erste Wahl für alles, was wirklich lange gegart werden soll: Gulasch, Peposo, Osso Bucco …

Während ich die Sehnen sonst vor der Zubereitung penibel entferne, lasse ich sie bei diesen Teilstücken ganz bewusst am Fleisch. Temperaturen über 63 °C zersetzen Sehnen und Bindegewebe nach und nach: Der Muskel wird zart, beim Kauen bemerkt man auch etwas kräftigere Sehnen später nicht mehr – aber das enthaltene Kollagen schmilzt in die vorhandene Flüssigkeit und ergibt eine wunderbar glatte und seidige Sauce.

HACKFLEISCH: SCHULTER, RIPPEN UND „ABSCHNITTE"

„Wildes" Hackfleisch habe ich eigentlich nie zu viel: Buletten, Bolognese oder Burger stehen häufig auf dem Tisch, und dann ist das Hackfleisch-Fach im Gefrierschrank auch fast schon wieder leer. Für Hackfleisch verwende ich vor allem das Fleisch aus der Schulter. Besonders kräftige Sehnen und – bei allen Arten außer Wildschwein – auch das Fett entferne ich schon beim Zuschneiden, weil sie sonst die Lochscheibe des Wolfs verstopfen. Auch die Bauchwände, das Fleisch an und zwischen den Rippen und natürlich alle kleinen „Abschnitte", die bei der Verarbeitung eines Tieres anfallen, wandern durch den Fleischwolf. Diese Teilstücke enthalten ebenfalls Sehnen und Bindegewebe, große Bratenstücke mit einer gleichmäßigen Struktur lassen sich auch aus der Schulter kaum gewinnen. Hin und wieder landet die Schulter aber auch in Schmorgerichten, etwa wenn das noch besser geeignete Fleisch aus Hachse, Eisbein und Hals nicht reicht.

HACKFLEISCH UND FLEISCHWOLF

Ich verwende bisher einfache Fleischwölfe mit Handkurbel. Ich habe einen großen und einen kleineren Wolf, aber kein elektrisches Gerät. Mit den günstigen Elektrowölfen habe ich keine guten Erfahrungen gemacht: schwache, aber laute Motoren, Zahnräder aus weichem Plastik und schlechte Passungen, die so viel Spiel haben, dass das Fleisch eher gequetscht als geschnitten wird – das bringt mehr Ärger als Zeitersparnis. Hochwertige Profigeräte sind nicht nur teuer, sondern auch enorm sperrig und für meine Ansprüche einfach überdimensioniert: Ich brauche nur selten mehrere Kilo Hack auf einmal, im Alltag geht es fast immer um zwei bis vier Portionen. Im Jahr drehe ich höchstens 40 oder 50 kg Fleisch durch, eher weniger. Ein kleiner, handbetriebener Fleischwolf passt meiner Meinung nach am besten zu diesen Anforderungen und findet sich mit etwas Glück sogar noch irgendwo in Omas Keller.

Meinen Umgang mit dem Hackfleisch habe ich dieser einfachen Lösung angepasst. Grundsätzlich friere ich kein gewolftes Fleisch ein: Die enorm vergrößerte Oberfläche des zerschnittenen Fleisches ist besonders anfällig für Verderb. Wenn überhaupt, sollte es auch bei Temperaturen unter -18 °C auf keinen Fall länger als einige Monate gelagert werden. Ich gehe deshalb anders vor: Das für Hack vorgesehene Fleisch friere ich nur grob zugeschnitten in flachen Paketen von 400 oder 500 g ein. Möchte ich es zubereiten, lasse ich die Pakete kurz auftauen. Dann würfle das immer noch fest gefrorene Fleisch, sobald ich mit dem Messer durch den Fleischblock schneiden kann. Noch hart gefroren durchtrennt das Kreismesser des Fleischwolfs das Fleisch absolut sauber – und das sogar dann, wenn ich mal wieder vergessen habe, es vor der Arbeit zu schärfen.

KURZBRATEN UND GRILLEN: FILET, RÜCKEN UND KEULE

Filet, Rücken und die entlang des Bindegewebes in die einzelnen Muskeln zerteilte Keule enthalten nur wenige, oberflächliche Sehnen, die sich mit einem scharfen Messer leicht entfernen („parieren") lassen. Das reine Muskelfleisch ist dann hervorragend für alle Rezepte geeignet, die nur kurzes Garen erfordern. Ich verwende die Zuschnitte für Steaks und Schnitzel, zum Grillen oder auch für geräucherten Schinken.

Die Keule kann entlang von Bindegewebsschichten, den „Faszien", leicht in die die einzelnen Muskeln zerteilt werden. Neben dem Oberschenkelknochen bleiben dann die Oberschale, die Unterschale mit der anhängenden Rolle, die Hüfte und die Nuss, über deren oberen Ende sich das winzige Bürgermeisterstück befindet. Die Nuss selbst sitzt auf dem Knochen direkt über dem Knie. Sie ist damit dem „Huf" noch am nächsten, und wie es die Faustregel besagt, von all diesen Zuschnitten am sehnigsten. Trotzdem schmeckt sie auch kurz gebraten, ich verwende sie aber noch lieber für Schinken oder als kompakten Schmorbraten.

Der Rücken und vor allem das Filet sind noch zarter und kurzfaseriger als die Muskelpakete aus der Keule. Sie gelten als die edelsten Teilstücke und werden am teuersten verkauft. Wirklich verstehen kann ich das ehrlich gesagt nicht, obwohl ich sie natürlich auch gerne esse – ein Ragout schmeckt doch ebenfalls hervorragend, und dafür wäre so ein Filet wegen der fehlenden Sehnen völlig ungeeignet.

DIE KNOCHEN

Ein Wildtier wird erlegt und ausgenommen, dann reift das Fleisch einige Tage. Anschließend schneide ich meine Beute zu, verpacke sie und friere sie ein, bis ich sie schließlich nach und nach zubereite. Irgendwo zwischen Zuschneiden und Zubereitung kommt noch ein weiterer Schritt hinzu, er wird schnell übersehen. Neben den verschiedenen Zuschnitten und Fleischqualitäten fallen auch Knochen und Sehnen an. Aus ihnen koche ich eine „wilde Kraftbrühe" (siehe Seite 61).

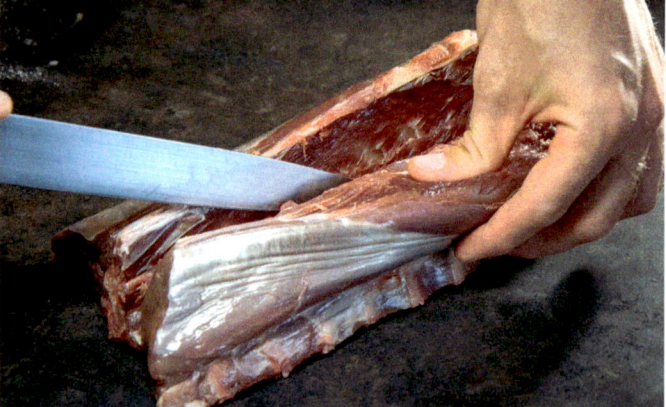
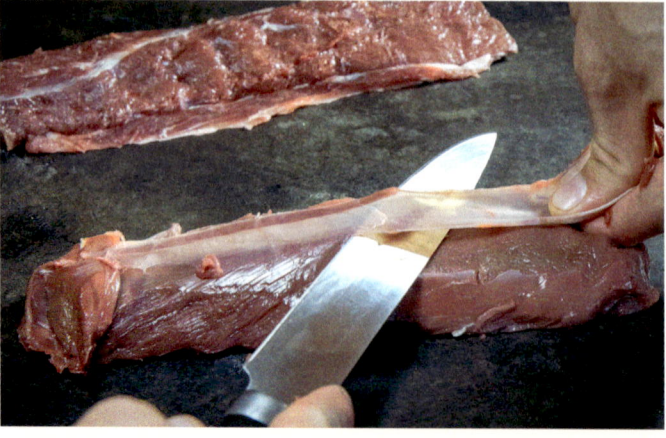

AUSBEINEN UND PARIEREN

Je größer ein gekauftes Teilstück ist, desto günstiger wird es in der Regel – und desto mehr bleibt zu tun. Je nach Rezept muss das Fleisch vor der Zubereitung vom Knochen gelöst, also „ausgebeint", werden. Außerdem kann es sinnvoll sein, auch die Sehnen zu entfernen. Dieser Schritt nennt sich „parieren". Für beide Aufgaben ist das wichtigste Werkzeug ein wirklich scharfes Messer.

Soll das Fleisch von der Hachse, aus der Schulter oder vom Hals später zu Gulasch oder Hackfleisch verarbeitet werden, kann man beim Ausbeinen nur wenig falsch machen. Zwar gibt es Tricks und Techniken, um besonders effizient zu arbeiten, aber letzten Endes geht es mit etwas mehr Aufwand ohne sie: das Fleisch kann auch einfach kreuz und quer vom Knochen geschnitten werden. Beim Ausbeinen der Keule arbeitet man sich am besten an den Bindegewebsschichten entlang. Das Teilstück hat auf der Oberfläche helle „Nähte", sie können leicht geöffnet und vertieft werden. Grundsätzlich wird dabei nur unmittelbar am Knochen rotes Fleisch durchtrennt. Ansonsten folgt das Messer den durch die Muskelpakete vorgegebenen Trennlinien, bis die ausgelösten Muskeln nebeneinander auf der Arbeitsfläche liegen.

Die Filets lassen sich sogar nur mit etwas Fingerspitzengefühl und ganz ohne Messer von der unteren Seite des Rückens abziehen.

Um die beiden langen Rückenmuskeln auf der oberen Seite auszulösen, wird zunächst möglichst dicht entlang der tast- und sichtbaren Wirbelsäule mit dem Messer eingeschnitten, so tief es geht. Dann die Klinge um 90 Grad nach außen drehen und das Fleisch entlang der Rippen vom Knochen schaben.

Auf dem Fleisch des Rückenstücks und auch auf den Muskelpaketen aus der Keule sitzen helle Sehnenplatten, außerdem kann etwas Fett am Fleisch hängen. Darunter ist es aber völlig frei von Sehnen, deshalb ist es gut zum Kurzbraten geeignet – wenn Fett und Sehnenhaut entfernt wurden. Dafür einfach einen Teil der Sehnenplatte am Rand des Fleischstücks vorsichtig vom Fleisch schneiden, festhalten und die Sehne mit der scharfen Klinge vom Fleisch schieben. Es wird möglichst kein Muskelfleisch zerschnitten, an der Sehne sollte kein Fleisch hängen. Die Klinge zeigt dabei nach oben und drückt gegen die Sehne.

WILD KONSERVIEREN

Auch wenn man Wild wie jedes andere Fleisch durch Einsalzen, Lufttrocknen und Räuchern haltbar machen kann, spielen diese Möglichkeiten in der Praxis fast nur noch als Zubereitungsmethoden eine Rolle. Konserviert wird Wild heute, indem man es einfriert.

WILDFLEISCH EINFRIEREN

Dafür braucht man keineswegs eine große Gefriertruhe:

Das Fleisch eines ganzen Rehs passt, zerteilt und ohne Knochen, sogar in das Gefrierfach eines normalen Kühlschranks.

Bei -18 °C kann das Fleisch von Hase, Reh-, Dam- und Rotwild ohne Qualitätsverlust ein Jahr gelagert werden. Wildschwein und Ente sind bei dieser Temperatur nur maximal sechs Monate haltbar, danach beginnt das im Fleisch reichlich enthaltene Fett ranzig zu werden und der Geschmack verändert sich. Bereits gewolftes Hackfleisch sollte aufgrund der stark vergrößerten Oberfläche auf keinen Fall länger als drei Monate im Gefrierschrank bleiben. Trotzdem verbrauche ich meine Beute grundsätzlich so schnell wie möglich, älter als sechs Monate wird das Fleisch selten.

Große Teilstücke wie eine ganze Keule oder einen kompletten Rücken friere ich nur ein, wenn ich ganz sicher bin, sie für ein bestimmtes Rezept zu brauchen. Sie sind sperrig und benötigen viel Platz im Gefrierschrank, außerdem dauert es lange, sie wieder aufzutauen. Zerteile ich die Teilstücke noch vor dem Verpacken in die einzelnen Muskeln, bin ich bei der Zubereitung flexibler und taue nur so viel Fleisch auf, wie ich tatsächlich benötige.

Damit an der Oberfläche des Fleischs kein „Gefrierbrand" entsteht, der es weich und grau werden ließe, muss es beim Einfrieren luftdicht verpackt werden. Die optimale Lösung ist ein Vakuumiergerät mit entsprechenden Folienbeuteln. Solche Geräte haben allerdings ihren Preis und rentieren sich erst, wenn regelmäßig

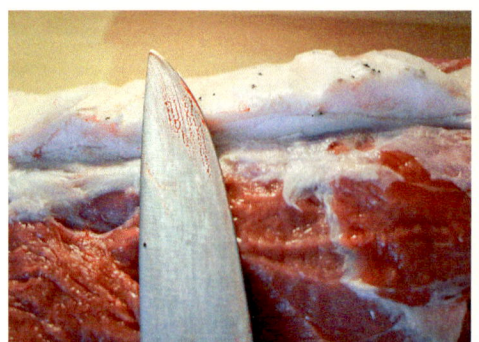

Wild verarbeitet wird. Eine einfache Lösung ist es, das Fleisch eng mit mehreren Lagen selbsthaftender Frischhaltefolie zu umwickeln.

Vor der Zubereitung lasse ich das Fleisch langsam und noch in der Verpackung im Kühlschrank auftauen. Dabei verliert das Fleisch ein wenig Flüssigkeit, falls Frischhaltefolie verwendet wurde, sollte unbedingt ein tiefer Teller untergelegt werden. Wenn es einmal schnell gehen muss, landet das luftdicht verpackte Fleisch in einer Schüssel mit warmem (nicht heißem!) Wasser.

WILDFLEISCH EINKOCHEN

Einkochen ist eine etwas aus der Mode gekommene Methode, um Lebensmittel zu konservieren. Der Vorgang an sich ist simpel: Ein fertig zubereitetes Gericht wird in ein Glas gefüllt und noch einmal auf über 100 °C erhitzt. Eventuell vorhandene Keime werden abgetötet. Danach ist die Konserve mehrere Monate ungekühlt haltbar, das funktioniert auch mit Fleisch und Wurst. Ich koche alles ein, was sich gut in größeren Mengen vorbereiten lässt, vor allem Gulasch, Hackfleischsoße, Brühe und Leberwurst. Für mich hat das Verfahren viele Vorteile: Einkochen spart zunächst wertvollen Platz im Gefrierschrank. Außerdem lassen die Gläser sich immer wieder verwenden, ganz anders als die üblichen Gefrier- oder Vakuumbeutel aus Plastik, die am Ende immer im Müll landen. Zusätzlich ist das Einkochen ein großer Schritt, um Wild nicht nur als Sonntagsbraten, sondern auch im Alltag zu verwerten. Auch vorgekochte und eingefrorene Gerichte brauchen ihre Zeit zum Auftauen, täglich frisch zu kochen ist erst recht aufwendig – ein Glas selbstgemachte Wild-Bolognese abzuschmecken und über heiße Nudeln zu kippen, ist aber wirklich immer möglich.

Ich verwende spezielle Einkochgläser und muss nur gelegentlich die Gummiringe ersetzen. Mit ein bisschen Glück finden sich solche Gläser im Keller oder auf dem Flohmarkt, neu sind sie ab einem Euro pro Glas zu haben. Ausgespülte Marmeladengläser eignen sich nicht so gut zum Einkochen, weil die erwärmte Luft schlecht entweichen kann und weil die Deckel nicht immer dicht schließen. Außerdem bieten „richtige" Einkochgläser zusätzliche Sicherheit: Verdirbt der Inhalt doch einmal, löst sich der nur durch den Unterdruck im Inneren auf dem Glas gehaltene Deckel.

EINKOCHEN IN DER PRAXIS

Den Inhalt zunächst fertig zubereiten, also je nach Rezept schmoren, braten etc. Ich gebe nur die Gewürze bei, die mitgaren müssen, z. B. Wacholderbeeren, und schmecke die Gerichte erst später ab, wenn ich sie Glas für Glas öffne. Ich möchte später nicht immer wieder genau das Gleiche essen, und wer weiß, auf welche Gewürze ich in einigen Wochen Lust haben werde? Den Inhalt dann bis 2–3 cm unter den Rand in die ausgespülten Gläser einfüllen, höher nicht, denn das Einkochgut dehnt sich beim Erwärmen aus. Der Rand der Gläser muss absolut sauber sein, dann den Gummiring auflegen und mit Deckel und Klammern verschließen.

Die verschlossenen Gläser in einen großen Einkochtopf stellen. Sie sollten mindestens bis zur Füllhöhe im Wasser stehen oder sogar ganz eintauchen. Es ist möglich, zwei oder drei Lagen Gläser übereinander zu stapeln. Das Wasser wird kalt in den Topf gefüllt und dann erhitzt. Erst wenn es sprudelnd kocht, beginnt die eigentliche Einkochzeit. Bei Fleisch sind das mindestens 120 Minuten, während der gesamten Zeit muss das Wasser kochen.

Die Gläser nach dem Einkochen möglichst bald aus dem Wasserbad nehmen. Auf keinen Fall vollständig darin abkühlen lassen, dann würde der Inhalt zerkochen. Während des Abkühlens bleiben die Klammern auf dem Glas, ich nehme sie frühestens nach 12 Stunden ab, oft erst nach einigen Tagen.

Ein erfolgreich konserviertes Glas ist nach dem Abkühlen nur durch den Luftdruck fest verschlossen. Auch ohne die Klammern lässt es sich am Deckel hochheben oder auf den Kopf drehen, ohne aufzugehen. Sollte sich der Deckel nach einiger Zeit von selbst öffnen, ist das Glas verdorben und ungenießbar.

Wichtig: Mehl gärt in den Gläsern und der Inhalt verdirbt, deshalb keinesfalls Mehl zugeben oder Saucen noch vor dem Einkochen mit Mehl binden. Zwiebeln können eingekocht werden, sollten aber nur gründlich durchgegart in den Gläsern landen. Noch rohe Zwiebeln können sonst ebenfalls dazu führen, dass der Inhalt schlecht wird.

Fleisch oder Brühe wie Marmelade zu behandeln, also in einem Topf sprudelnd zu kochen und dann in Gläser abzufüllen, funktioniert nicht zuverlässig! Fruchtaufstriche werden durch den hohen Zuckergehalt konserviert, eiweißreiche Lebensmittel können schnell verderben.

HÄUFIGE FRAGEN

SCHMECKT DAS FETT?

Schon im Herbst haben sich hoffentlich alle Wildtiere ordentlich Winterspeck angefressen. Unter der Haut und im Bauchraum glänzt das Fett gerade zu dieser Jahreszeit hell, fast weiß. Ich finde, es sieht appetitlich aus – und entferne es trotzdem bei den meisten Tieren. Vor allem achte ich bei Reh-, Rot- und Damwild penibel darauf, es vor der Zubereitung abzuschneiden. Es schmeckt muffig und herb, ich mag das überhaupt nicht. Bei Wildschweinen ist es anders: Ihr Fett schmeckt hervorragend. Schon bei recht niedrigen Temperaturen schmilzt es und verleiht der Sauce eine unvergleichliche Würze, deshalb lasse ich es am Fleisch.

IST ES BEDENKLICH, WENN WILD MIT BLEIHALTIGER MUNITION ERLEGT WURDE?

Selbst kann ich diese Frage kaum beantworten, ich bin kein Chemiker. Stattdessen möchte ich den Abschlussbericht des Forschungsprojekts „Lebensmittelsicherheit von jagdlich gewonnenem Wildbret" des Bundesinstitutes für Risikobewertung (BfR) zitieren.

„In einer Expositionsabschätzung kam das BfR zu dem Ergebnis, dass bei Verzehr von zwei Mahlzeiten pro Jahr (Normalverzehrer) und auch fünf Mahlzeiten pro Jahr (Vielverzehrer) Wildfleisch bei den in Deutschland üblichen Ernährungsgewohnheiten die zusätzliche Bleiaufnahme über Wildfleisch für Erwachsene toxikologisch unbedeutsam ist. Für Schwangere und Kinder gilt diese Aussage nicht. Da das sich entwickelnde Nervensystem beim Fötus und bei Kindern besonders empfindlich auf Blei reagiert, sollte von diesen Bevölkerungsgruppen jede zusätzliche Bleiaufnahme vermieden werden."

Über die verwendete Munition sollten Wildverkäufer in jedem Fall Auskunft geben können.

KANN MAN BEI WILD AUCH DIE INNEREN ORGANE ESSEN?

Häufig bekommt die Innereien der Jagdhund, oder sie werden überhaupt nicht verwertet. Das ist schade. Persönlich finde ich es ausgesprochen spannend, hin und wieder Innereien auf dem Teller zu haben. Wir können uns meistens vorstellen, wie es ist, etwas Bestimmtes zu essen. Gerichte und Rezepte wiederholen sich, wir sammeln ein Leben lang Erfahrung. Wenn jemand „Schnitzel" oder „Pizza" sagt, weiß ich sehr genau, was mich erwartet, letzten Endes vergleiche ich nur noch: Eine gute Pizza? Ein knuspriges Schnitzel?

Bei Innereien ist das anders, zumindest für mich. Ich habe noch kein fertiges Geschmacksbild im Kopf, ich weiß nicht, wie Hirn, Hoden oder Milz schmecken, wie sie sich im Mund anfühlen und welche Aromen den Eigengeschmack ergänzen könnten. Statt mit bereits Bekanntem abzugleichen, betrete ich ein unkartiertes kulinarisches Gebiet und erforsche es. Herz schmeckt nicht wie Lunge, Lunge nicht wie Niere, und Niere nicht wie Leber, Hirn oder Hoden. Außerdem variiert der Geschmack natürlich auch mit den Wildarten. Gebratene Leber ist auch nach vielen Versuchen nicht mein Fall, Hirn finde ich dafür erstaunlich lecker und Hoden hat kaum Eigengeschmack.

Außerdem ist das Schlimmste, was passieren kann, dass es mal nicht schmeckt.

BRÜHE KOCHEN

Wenn ich mein Wild verarbeite und aus den Knochen eine Brühe ansetze, ist das für mich ein eigener, unverzichtbarer Arbeitsschritt. Er findet nicht im Wald oder im Kühlraum statt, sondern bereits in der Küche. Trotzdem ist die Brühe für mich kein fertiges Gericht, sondern die wohl wichtigste Grundzutat für viele andere. In diesem Buch steht die Knochenbrühe deshalb nicht im Rezeptteil, sondern hier im Küchenpraxis-Kapitel.

Eine Brühe koche ich grundsätzlich von den Knochen aller Tiere, egal welche Wildart ich verarbeite. Von Reh-, Rot- oder Damwild ist sie klar und herrlich goldbraun. Mit Wildschweinknochen wird sie trüber, dafür schmeckt die Brühe besonders würzig. Hase und Ente bringen ihren eigenen Geschmack mit, er bleibt auch beim Auskochen erhalten. Häufig setze ich die fertige Brühe noch ein zweites Mal mit frischen Knochen an, dann wird sie so intensiv, dass die Flüssigkeit geliert.

Es kann interessant sein, für die Zubereitung des Fleischs die Brühe des gleichen Tiers zu verwenden. Hin und wieder lohnt es sich aber auch, bewusst auf die Brühe einer bestimmten Art zurückzugreifen und auf diese Art verschiedene Noten zu kombinieren.

KEIN WEIN, KEINE GEWÜRZE

Wichtig ist mir ein reiner, unverfälschter Geschmack der jeweiligen Tierart. Ich möchte mit einem Konzentrat der typischen Aromen weiterarbeiten und eine Geschmacksbombe präzise einsetzen können. Gleichzeitig geht es mir darum, flexibel zu bleiben: Die Brühe entsteht noch vor der eigentlichen Zubereitung. Zu diesem Zeitpunkt kann ich nicht wissen, ob ich sie in einer Salatsauce, in einer asiatisch angehauchten Suppe oder in einer Bratensauce einsetzen werde. Der klassische Wildfond nach dem Vorbild der französischen *sauce gibier* mit Rotwein, Tomatenmark, Wacholder, Thymian und schwarzem Pfeffer kann mir das nicht bieten.

Tatsächlich verwende ich für meine Knochenbrühe nichts anderes als Knochen, Sehnen, Fleischreste und Wasser, vielleicht noch etwas neutrales Öl. Wein, Tomatenmark oder Zwiebeln schmecken meiner Meinung nach zu intensiv und verfälschen das Ergebnis. Karotten, Sellerie und Petersilie machen nach meiner Erfahrung für den Geschmack kaum einen Unterschied. Salz und Gewürze verwende ich nicht – beim Reduzieren würden die Aromen schnell kräftiger, als ich es möchte.

ZUBEREITUNG

1. Beim Zerteilen des Wilds hebe ich alle Knochen auf und zerteile sie in kleine Stücke. Dafür verwende ich einen Bolzenschneider, da die Knochen nach einem Schlag mit Küchenbeil oder Axt erstaunlich weit fliegen können, und weil Sägen mir zu aufwendig ist.

2. Die Knochenstücke und Sehnen im Backofen bei 220 °C (Ober-/Unterhitze) auf einem tiefen Blech rösten, bis sie dunkel werden. Vorher eventuell mit neutralem Öl beträufeln. Das Blech mit etwas Wasser ablöschen, dann Knochen, Sehnen und ausgetretenen Fleischsaft in einen großen Topf geben. Kaltes Wasser angießen, bis alles bedeckt ist und aufkochen. Falls Schaum aufsteigt, wird er abgeschöpft. Den Herd auf niedrigste Stufe stellen, den Topf abdecken und die Knochen im gerade nicht mehr kochenden Wasser für mindestens 8–12 Stunden ziehen lassen – ich mache das meistens über Nacht.

3. Die Brühe danach durch ein mit einem groben Küchentuch ausgelegtes Sieb abgießen, erkalten lassen und das erhärtete Fett an der Oberfläche abnehmen.

4. Ich koche die fertige Brühe in Gläser ein. Bewährt hat es sich aber auch, einen Teil in Eiswürfelbehältern einzufrieren. Die geschmacksintensiven Brühe-Eiswürfel können dann genutzt werden wie ein entsprechendes Pülverchen aus dem Supermarkt.

REHWILD

ANSITZ IM MAI

AUFGANG DER JAGD

Der Rehbock verbringt den größten Teil der Nacht unter den tiefhängenden Ästen einiger junger Fichten. Dort lässt es sich einigermaßen trocken schlafen, außerdem hat er Zeit, um ausgiebig wiederzukäuen. Nur wenn der Hunger groß wird, muss er trotz des kräftigen Regens sein Versteck verlassen, um einige der noch weichen, frisch ausgetriebenen Himbeerblätter von einem der Büsche am Rand des Fichtendickichts zu knabbern. Jetzt hört es auf zu schütten, und die funkelnden Sterne am aufklarenden Himmel versprechen einen sonnigen Morgen.

Nicht noch einmal umdrehen, nicht trödeln, nicht dösen. Bloß nicht wieder einschlafen. 04:00 Uhr steht auf dem Display, als ich über den Bildschirm wische, um den Wecker auszuschalten. In einer Stunde möchte ich schon im Wald sitzen. Es ist der erste Mai, und das bedeutet, dass die Jagdzeit für Rehwild „aufgeht". Ab heute dürfen Rehböcke und „Schmalrehe", einjährige Weibchen ohne Nachwuchs, erlegt werden. So ziemlich alle Jägerinnen und Jäger, die ich kenne, verbringen den Sonnenaufgang am „Tag der Arbeit" Jahr für Jahr auf dem Hochsitz.

Während die schon gestern vorbereitete Espressokanne durchläuft, packe ich das Gewehr, vier Patronen und den Jagdschein. Der Rest der Ausrüstung liegt längst bereit, damit ich trotz der Müdigkeit nichts vergessen kann: Eine warme Lodenjacke, weil es Anfang Mai zum Sonnenaufgang noch reichlich kühl ist, ein Filzkissen für das harte Holzbrett auf dem Hochsitz, dazu Tarnhandschuhe, Wollmütze, Gehörschutz und eine alte Jacke, damit meine Hündin Akira unter dem Sitz bequem liegt. Messer, Einweghandschuhe und frisches Wasser sind schon im Auto. Ich hoffe auf Beute: Der große Gefrierschrank ist so gut wie leer.

Der alte Rehbock erkennt instinktiv, dass es an der Zeit ist, die Nachtruhe zu beenden, als die Sterne am Himmel verblassen. Anfang April hat er sein Sommerterritorium aus dem letzten Jahr wieder bezogen. Jetzt gilt es, Präsenz zu zeigen, damit kein anderer Bock Ansprüche erhebt. Ein besonders schönes Gebiet hat er sich ausgesucht: Im Zentrum der ausgewählten Fläche drängen sich jene jungen Fichten zusammen, unter denen er die Nacht verbracht hat. An dieses Dickicht schließen sich auf der einen Seite offenere Flächen mit alten Fichten an. Zwischen den Stämmen erreicht genug Licht den Waldboden, damit sich dort zahlreiche andere Pflanzen ansiedeln können, außerdem gibt es einige Lücken, weil der Borkenkäfer ganze Baumgruppen zum Absterben gebracht hat. Auf diesen neu entstandenen Lichtungen wachsen besondere Leckerbissen: Brombeersträucher und Himbeerbüsche, dazu Buschwindröschen und frische Kräuter ... Außerdem haben die Menschen an manchen Stellen junge Eichen und Kirschen gepflanzt. Riechen kann man sie, und schmecken würden sie auch, aber leider sind sie unerreichbar eingesperrt in hellen Plastikrohren. Auf der anderen Seite des Fichtendickichts wachsen Eschen. Auch hier weist der Wald Lücken auf, dort wurden Douglasien gepflanzt. Die exotischen Bäume duften herrlich, und die nur ein bis zwei Zentimeter dicken Stämmchen sind perfekt geeignet, um das Gehörn an der Rinde blank zu reiben. Noch ein Stück weiter, vorne an der geschotterten Forststraße, wächst auf den Randstreifen reichlich leckerer Klee. Es mangelt an nichts – und es lohnt sich, dieses Gebiet zu verteidigen.

Langsam wirkt mein Kaffee, und die Müdigkeit weicht der Vorfreude. Ob ich heute tatsächlich ein Reh erlege, scheint trotz der gähnenden Leere im Gefrierschrank, nach den Monaten der Schonzeit gar nicht so furchtbar wichtig: Es hat aufgehört zu regnen, der Himmel ist klar, und endlich wieder ein Sonnenaufgang im Wald – endlich wieder draußen sein! Auf dem Weg halte ich wie gewohnt auf einem Höhenrücken an, um den Wind zu prüfen. Der Blick auf einige Windräder zeigt mir die Windrichtung recht zuverlässig und den Wetterbericht habe ich ohnehin seit Tagen im Auge behalten. Trotzdem steige ich aus, puste einige Seifenblasen in die Morgenluft, und sehe ihnen zu, wie sie taumelnd davonfliegen. Nordostwind war vorhergesagt, aber Seifenblasen und Windräder widersprechen: Nicht besonders kräftig, aber gleichmäßig bläst der Wind aus Südsüdost. Für mich bedeutet das, dass ich meinen Plan ändern muss. Am ausgewählten Platz könnte das Wild mich riechen, bevor ich es sehen würde. Der Sitz an der alten Saatgutplantage sollte passen: Dort blicke ich entlang einer lange Schneise weit in den Wald, sie zeigt genau nach Südost. Und ich bin mir sicher, dass dort ein Rehbock leben muss: Unter den Eschen rechts und links der Schneise wurden letztes Jahr Douglasien gepflanzt, und ihren nur fingerdicken Stämmchen hat ein fegender Rehbock im April schon ordentlich zugesetzt. Falls ich dort erfolgreich wäre, würde sich auch der Förster freuen!

Ein Eindringling? Kein Zweifel: Der blanke Erdboden liegt frei, Moos und trockenes Laub wurden auf einer kleinen Fläche kraftvoll beiseite geschart. Von einem Bäumchen unmittelbar vor der freigekratzten Fläche hängt die Rinde in Fetzen herunter, sie wurde mit dem Gehörn abgerieben. Eine frische, fremde Fegestelle, hier, mitten im deutlich markierten eigenen Territorium.

Wenige Meter entfernt knackt ein Zweig, und der alte Rehbock erkennt ein zweites Reh: ein junger Artgenosse, geboren im letzten Frühjahr, steht in den Himbeerbüschen, und zupft genüsslich ein Blatt nach dem anderen ab. Der Körper ist noch schmal und filigran, er ist nicht einmal ausgewachsen. Eigentlich ist er beinahe kein ernstzunehmender Konkurrent. Eigentlich. Beinahe. Um diese Jahreszeit kennt der alte Bock keine Gnade: Der Kleine muss weg! Noch bevor er den Jüngling erreichen kann, bemerkt ihn dieser. Augenblicklich ergreift er die Flucht und sprintet auf der langen Schneise Richtung Forststraße davon.

Ewig bleibe ich nicht mehr sitzen, erster Mai hin, Beginn der Jagdzeit her. Vielleicht versuche ich es gleich heute Abend noch einmal an einer anderen Stelle? Obwohl es mir gelungen ist, den Sitz rechtzeitig und ohne das geringste Geräusch zu erreichen, ist der Wald in den eigentlich so vielversprechenden ersten Minuten, in denen das Licht noch blau und dämmerig ist, ohne die kleinste Bewegung geblieben. Genau gegenüber von meinem Hochsitz nisten Stare in einer Baumhöhle, alle paar Minuten tauchen die Altvögel in der dunklen Öffnung auf und das aufgeregte Piepsen der Jungen dringt bis zu mir. Akira bemerkt es natürlich auch und zieht die Luft aufmerksam durch die Nase ein. Aber sie weiß, dass sie liegenbleiben muss, egal, was sie mit ihrer feinen Nase auch herausfindet.

Die Sonne klettert immer höher über den Horizont und die ersten Strahlen fallen zwischen den Stämmen hindurch. Es ist anstrengend, gegen das grelle Licht in den Wald zu starren. Ich beginne gerade damit, mich mit der Tatsache abzufinden, dass ich heute mit leeren Händen nach Hause gehen werde, als ich am Ende der langen Schneise eine Bewegung bemerke.

Ein Reh. Es rennt die Schneise entlang genau auf mich zu, mit etwas Abstand folgt dahinter ein zweites. Beide sind ungefähr gleich groß. Zur Paarungszeit im Hochsommer würde ich ein Pärchen aus Bock und Ricke vermuten – Anfang Mai müssen das zwei Böcke sein, die um ein Territorium streiten. Waffe hoch und spannen. Wenn das klappen soll, muss es schnell gehen. Als das vordere Tier nur noch 30 Meter von mir entfernt ist, pfeife ich laut. Beide Rehe bremsen abrupt und erstarren für einen Moment. Schon mit dem bloßem Auge erkenne ich anhand der Gehörne zwei Böcke.

Der alte Rehbock hat die Situation sofort durchschaut. Ohne zu zögern ist er im Bruchteil einer Sekunde mit einem einzigen Sprung im dichten Unterholz verschwunden. Der andere Bock verharrt unschlüssig. Mit gestrecktem Hals versucht er herauszufinden, woher das eigenartige Geräusch kam. Den Schussknall hat er wohl nicht mehr gehört.

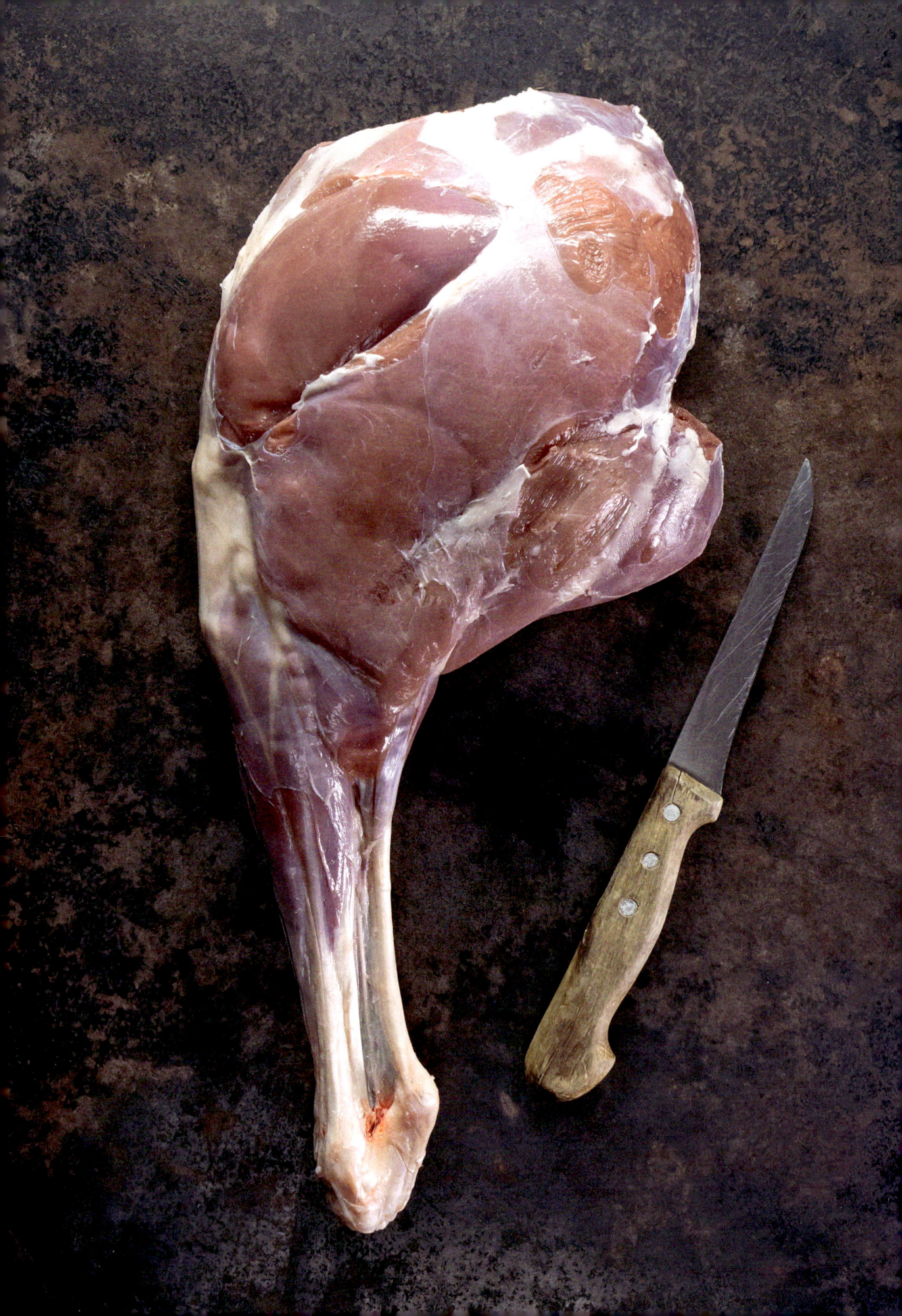

FAKTEN
REHWILD

Rehe haben sich mit der gegenwärtigen Kulturlandschaft ausgesprochen gut arrangiert und sind in ganz Europa verbreitet. Erlegt werden sie so häufig wie keine andere Wildart: Jährlich schießen die Jägerinnen und Jäger in Deutschland ungefähr eine Million Rehe, Jagdreviere ohne Rehwild gibt es kaum. Zusätzlich werden außerdem leider jedes Jahr etwa 200.000 Tiere im Straßenverkehr getötet.

Rehe sind kleine Tiere, sie werden nur etwa so hoch wie ein größerer Hund und sind sehr filigran gebaut. Ein kräftiger, ausgewachsener Rehbock erreicht ein Lebendgewicht von maximal 30 Kilo – ohne Fell, Knochen und die inneren Organe bleiben davon gerade mal 10 Kilo Muskelfleisch. Weibchen und jüngere Tiere sind deutlich leichter.

Die Weibchen leben mit ihrem Nachwuchs zusammen und trennen sich erst im Frühjahr endgültig von den Jungtieren des letzten Jahres. Im Mai kommen dann schon die nächsten Kitze zur Welt, bereits ab Juni kann man wieder beobachten, wie sie mit dem Muttertier umherziehen und nach Nahrung suchen. Die Böcke bleiben nach dem ersten Lebensjahr Einzelgänger. Nur im Winter bilden Rehe gelegentlich lose Gruppen, die „Sprünge" genannt werden. An kalten, sonnigen Vormittagen sind sie häufig auf Rapsäckern oder auf Feldern mit Wintergetreide zu beobachten.

Eine interessante Besonderheit bei Rehen ist die Keimruhe nach der Paarung im Hochsommer: Die Eizelle verharrt kurz nach der Befruchtung etwa fünf Monate ohne Entwicklung, erst ab Dezember beginnt sie wieder sich zu teilen. Die gesamte Tragzeit beträgt bei Rehen damit mehr als neun Monate, ungefähr von August bis Mitte Mai.

Der Rehbock für die folgenden Rezepte war genau ein Jahr alt und ohne die inneren Organe gewogen immerhin schon 16 Kilo schwer. Ohne Fell und Knochen blieben etwa 8 Kilo Fleisch.

ZUBEREITUNG: 120 MINUTEN · PÖKELN: 2–3 TAGE · EINKOCHEN: 2 STUNDEN

Leberwurst

Teilstücke: Hals, Hachse, Leber
Für ca. 10 Gläser

ca. 800 g Fleisch von Hals und Hachse, ggf. auch Herz

ca. 400 g Leber

250 g Pökelsalz

1–2 Lorbeerblätter

50 g Zucker

2 Zwiebeln

2 Knoblauchzehen

400 g Wildschweinschmalz (alternativ Butter)

2 TL getr. Majoran

1 TL getr. Bohnenkraut

1 TL schwarzer Pfeffer aus der Mühle

2 EL Honig

100 g süße Sahne

HINWEIS:

Ich zerteile Rehe fast immer gleich nach dem Ausnehmen und lasse das Fleisch dann in Vakuumbeuteln reifen. Die Pökellake mit Fleisch und Leber setze ich dann sofort an, wenn ich von der erfolgreichen Jagd nach Hause komme. Das Rezept funktioniert aber auch, wenn Fleisch und Leber vor der Zubereitung eingefroren wurden, allerdings habe ich den Eindruck, dass die Wurst dann etwas schlechter bindet. Ein wenig mehr Fett kann helfen, das auszugleichen.

1. 2750 ml Wasser mit dem Pökelsalz, den Lorbeerblättern und dem Zucker aufkochen und abkühlen lassen. Die Leber, den kompletten Hals mit Knochen, die beiden Hachsen und – wenn vorhanden – auch das gesäuberte und von Fett befreite Herz in die Lake legen. Es ist dabei nicht entscheidend, um welche Teilstücke es sich handelt, aber am Ende sollte es wenigstens doppelt so viel Muskelfleisch wie Leber sein. Darauf achten, dass das Fleisch vollständig bedeckt ist und zwei oder drei Tage kalt stellen.

2. Die Leber und die Lorbeerblätter aus der Lake nehmen und das restliche Fleisch 30 Minuten darin kochen. Zuletzt die Leber kurz in der kochenden Lake brühen (ein alter Fleischer hat mir mal geraten: so lange, wie ein „Vaterunser" dauert), dann das gesamte Fleisch absieben und etwas Lake aufbewahren. Das Fleisch am Hals lässt sich leicht vom Knochen lösen, so lange es noch warm ist.

3. Die Zwiebeln und den Knoblauch würfeln und bei geringer Hitze 20 Minuten im Wildschweinschmalz dünsten – sie müssen ganz weich und glasig sein, im Zweifel lieber etwas länger garen. Das Fleisch währenddessen durch den Fleischwolf drehen, ich verwende die gröbste Scheibe. Die nur oberflächlich gegarte Leber grob würfeln und pürieren.

4. Fleisch, Leber und Fett vermischen und die Gewürze, den Honig und die Sahne gründlich untermengen, es dürfen keine „Gewürznester" entstehen. Einige Esslöffel der Salzlake zu der Masse zu geben, um sie noch geschmeidiger zu machen, sie sollte zähflüssig sein. Nicht salzen, da das gepökelte Fleisch und die Lake bereits salzig schmecken.

5. Die Wurstmasse bis maximal (!) 3 cm unter den Rand in Einkochgläser füllen. Die Leberwurst dehnt sich beim Einkochen stark aus und quillt bei zu vollen Gläsern unter dem Deckel hervor. Alle Gläser in einen großen Topf stellen, mit kaltem Wasser bedecken, aufkochen, die Hitze reduzieren und 2 Stunden sprudelnd kochen lassen (siehe „Wildfleisch einkochen", Seite 57).

Nach einem erfolgreichen Ansitz wird das „kleine Jägerrecht", bestehend unter anderem aus Herz, Leber und Nieren der Beute, sofort mit Äpfeln und Zwiebelringen gebraten – so will es jedenfalls die Tradition. Mir schmecken die inneren Organe auf diese Art zubereitet ehrlich gesagt überhaupt nicht. Vor allem mit gebratener Leber konnte ich mich trotz einigen hoffnungsvollen Versuchen nie wirklich anfreunden. Inzwischen landet bei mir deshalb fast jede Leber in der Wurst.

Rehschulter mit Kirschen im Heubett

Teilstück: Schulter
Für 2–3 Personen

1 Rehschulter, ca. 1 kg

Salz

Butterschmalz

2–3 Handvoll Heu

10–15 Kirschen

100 ml Weißwein

300 ml Wildbrühe
(siehe Grundrezept S. 61)

Pfeffer aus der Mühle

evtl. etwas Mehl

etwas süße Sahne

1 EL Honig (nach Geschmack)

BEILAGE:
Dazu passen Spätzle.

HINWEIS:
Die Schulter lässt sich leider nicht so schön tranchieren wie die Keule. Der Geschmack ist vorzüglich, aber statt glatter, repräsentativer Bratenscheiben liegen am Ende mehrere kleinere Fleischstücke auf den Tellern.

1. Die Rehschulter von den aufliegenden Häuten befreien, das Fett und alle eventuell durch den Schuss verursachten Blutgerinnsel entfernen. Das Fleisch salzen, in einem Bräter im heißen Butterschmalz von beiden Seiten scharf anbraten und beiseite stellen.

2. Das Heu waschen und noch feucht in dem gleichen Bräter verteilen, die Kirschen andrücken und hinzugeben. Das angebratene Fleisch auf das Heubett setzen, mit Wein und Brühe begießen und abgedeckt bei 100 °C (Ober-/Unterhitze) im Ofen garen. Wie lange es dauert, bis das Fleisch zart ist, hängt auch mit dem Alter des Tieres zusammen – mindestens 3 Stunden sollte es aber schon garen dürfen. Während der Garzeit das Fleisch immer wieder wenden und mit der Flüssigkeit aus dem Bräter übergießen.

3. Die Schulter aus dem Bräter nehmen und beiseite stellen. Die Sauce absieben, entweder einkochen oder mit Mehl binden und mit Salz, Pfeffer, etwas Sahne und 1 Esslöffel Honig abschmecken. Zusammen mit dem Fleisch anrichten.

Im dichten Wald sieht man als Spaziergänger nur selten mal ein Reh, und wenn, dann meistens nur für einen kurzen Augenblick – es gibt einfach zu viele Versteckmöglichkeiten. Auf Weiden und offenen Obstwiesen lassen die Tiere sich aber gerade in der Dämmerung sehr gut beobachten. Oft ziehen sie langsam über die Fläche, zupfen hier eine Blüte und da eine Knospe ... Sie lieben die verschiedenen Blumen und Kräuter. Bei diesem Rezept bringt das Reh die Obstwiese gleich mit auf den Tisch.

ZUBEREITUNG: 15 MINUTEN · **GAREN:** MIND. 3 STUNDEN

Reh-Kartoffel-Klöpse mit Beifuß und Traubenkirsch-Gelee

Teilstücke: Bauchlappen, Rippenfleisch und Abschnitte
Für 6 Personen

GELEE:

reife, schwarzrote Früchte der spätblühenden Traubenkirsche

Gelierzucker 3:1

KLÖPSE:

1000 g Hackfleisch vom Reh, gröbste Scheibe (Bauchlappen, Rippenfleisch und Abschnitte)

500 g Kartoffeln (mehligkochend)

125 g Butter

2 Schalotten, fein gewürfelt

4 Eier

2–3 Zweige Beifuß, Blätter gehackt

Salz

schwarzer Pfeffer aus der Mühle

neutrales Bratöl

BEIFUSS-KARTOFFELCHIPS:

2 festkochende Kartoffeln

2 Zweige Beifuß

Butter

VARIATION:

In Regionen, in denen die spätblühende Traubenkirsche (noch) nicht vorkommt, bietet ein Gelee aus zwei Dritteln schwarzen Holunderbeeren und einem Drittel „Vogelbeeren" von der Eberesche ein ähnlich bittersüßes Geschmackserlebnis.

1. Die Traubenkirschen mit etwas Wasser aufkochen und etwa 15 Minuten köcheln lassen. Ein Sieb mit einem Passiertuch auslegen und den Saft abgießen und auffangen. Die ausgekochten Früchte abkühlen lassen und mit dem Passiertuch ausdrücken. Den Saft ebenfalls auffangen, vollkommen erkalten lassen, die Menge abmessen und nach Packungsanweisung mit Gelierzucker zu fruchtig-herbem Gelee kochen. Die giftigen Kerne entsorgen.

2. Die mehligkochenden Kartoffeln schälen, würfeln und kochen. Währenddessen die Bauchlappen, das Rippenfleisch und die bei der Verarbeitung des Rehs angefallenen Abschnitte von Fett und Sehnen befreien und durch die gröbste Scheibe des Fleischwolfs drehen. Die Butter zu den Kartoffeln geben und zu glattem Kartoffelbrei zerstampfen. Etwas abkühlen lassen und das Hackfleisch, die fein gewürfelten Schalotten, die Eier und die gehackten Blätter des Beifußes dazugeben und mit Salz und Pfeffer würzen. Vermengen und kleine Buletten formen. Auf einer Seite mit dem Finger eine Delle in jede Bulette drücken und bei mittlerer Hitze in Öl ausbraten.

3. Für die Beifuß-Chips als Beilage die Kartoffeln waschen und mit dem Sparschäler in hauchdünne Scheiben schneiden. Auf jede zweite Scheibe ein einzelnes Beifußblatt geben, darauf passgenau die nächste Kartoffelscheibe legen und die Luft mit den Fingern herausstreichen. Ein Blatt Backpapier mit weicher Butter einstreichen und die gefüllten Kartoffelscheiben auf einer Hälfte auslegen. Die zweite Hälfte des Blatts über die Kartoffeln falten, auf der ganzen Fläche mit einem flachen Teller beschweren, damit die Kartoffelscheiben zusammengedrückt werden und bei 150 °C (Umluft) für 15 Minuten im Ofen backen. Es ist wichtig, genug Butter zu verwenden, damit die Kartoffelscheiben durchsichtig werden.

4. Die Buletten zusammen mit den Kartoffelchips und dem Traubenkirsch-Gelee auf Tellern anrichten.

Ein klassisches Gericht ist Rehbraten mit Kartoffelklößen und Preiselbeeren als Beilage, und wegen der fettreichen Sauce vielleicht ein wenig Beifuß für die Verdauung … Ich bereite meine Beute ehrlich gesagt nur selten so traditionell zu. Diese Minibuletten greifen aber doch einige Elemente des Bratens auf: Das Fleisch wird mit Kartoffeln gemischt, das macht die Klöpse luftiger und milder, dazu gibt es bittersüßes Gelee aus den Früchten der spätblühenden Traubenkirsche. Und sogar der Beifuß ist dabei, selbst gesammelt am Rand eines Feldwegs.

75

ZUBEREITUNG: 1 STUNDE

ZUBEREITUNG: 50 MINUTEN

Rehrücken mit Mädesüßblüten

Teilstück: Rücken
Für 4 Personen

POLENTA:

600 ml Milch

600 ml Rehbrühe
(siehe Grundrezept S. 61)

2 Knoblauchzehen

2 Lorbeerblätter

150 g Polenta

5 EL Olivenöl

5 EL Parmesan, fein gerieben

REHRÜCKEN:

800 g Rehrücken (1 ausgelöster und parierter Rückenstrang)

30 g Butterschmalz

100 g Butter

1 Strauß Mädesüßblüten am Stängel

schwarzer Pfeffer aus der Mühle

Salz

1. Für die Polenta Milch und Rehbrühe zusammen mit den beiden ganzen Knoblauchzehen und den Lorbeerblättern aufkochen, Polenta einrühren und unter ständigem Rühren bei mittlerer Hitze 1–2 Minuten kochen. Bei kleinster Hitze zugedeckt 20 Minuten quellen lassen, gelegentlich umrühren. Knoblauchzehen und Lorbeerblatt wieder entfernen, Olivenöl und fein geriebenen Parmesan unterrühren und warm stellen.

2. Den ausgelösten und sauber parierten Rehrücken in vier gleich schwere Stücke schneiden und in Butterschmalz bei möglichst großer Hitze kurz und scharf von allen Seiten anbraten. Den Rehrücken beiseite stellen, die Pfanne vom Herd nehmen und abkühlen lassen.

3. Nach einigen Minuten in der nur noch warmen Pfanne die Butter bei schwacher bis mittlerer Hitze zerlassen, die Mädesüßblüten und auch das Fleisch wieder hinzugeben. Den Rehrücken gelegentlich wenden und immer wieder mit der zerlassenen Butter begießen, bis der gewünschte Gargrad erreicht ist. Quer in Medaillons schneiden und mit den gebratenen Blüten und reichlich grob gemörsertem schwarzem Pfeffer auf der Polenta anrichten. Zuletzt mit der aromatisierten Butter begießen.

VARIATION:

Auch der schwarze Holunder blüht im Frühsommer, und die ebenfalls cremeweißen Blüten haben auch einen intensiven Geschmack, der sich hervorragend in der heißen Butter einfangen lässt.

Mädesüß ist eines meiner liebsten Wildkräuter. Es wächst entlang von Bachläufen und blüht dort ab Mai bis in den Juli, einzelne Pflanzen auch noch deutlich später. Die hellen Blütendolden duften schon beim Vorbeigehen verführerisch süß, früher wurde mit ihnen angeblich der Met verfeinert – daher stammt wohl auch der Name. In Butter ausgebraten bekommen die Mädesüßblüten eine herbe Note und die gebräunte Butter dafür einen leicht süßlichen Geschmack.

Reh-Schawarma

Teilstück: Rücken
Für 4 Personen

FLEISCH:

800 g Rehrücken, ausgelöst und pariert

6 EL Rapsöl

1–2 Knoblauchzehen, gehackt

2 TL Kreuzkümmel

1 TL Kurkuma

1 TL Koriander

Butterschmalz zum Braten

WRAPS AUS YUFKATEIG:

500 g Mehl (Type 00/„Pizzamehl")

ca. 350 ml Wasser, lauwarm

Salz

etwas Öl zum Braten

HUMMUS:

250 g Kichererbsen (eingeweicht und gegart oder aus dem Glas)

100 g Tahin

4 EL Olivenöl

2 EL Zitronensaft

1 Messerspitze Koriander

½ TL Kurkuma

½ TL Cayennepfeffer

½ TL Kreuzkümmel

½ TL Salz

AUSSERDEM:

Springkrautsamen

Springkrautblüten

Sauerklee

Olivenöl

VARIATION:

Gehackte Walnüsse können die Samen ersetzen, andere essbare Blüten wie Kapuzinerkresse oder Ringelblumen können gut zusätzlich zum Springkraut verwendet werden.

1. Für das Fleisch Öl, Knoblauch und Gewürze verrühren und den sauber parierten Rehrücken für 6–12 Stunden marinieren.

2. Für die Wraps Mehl, Wasser und Salz zu einem elastischen Teig verkneten und mindestens 30 Minuten ruhen lassen. In hühnereigroße Bälle teilen und auf einer bemehlten Arbeitsfläche millimeterdünn ausrollen. Die Teigfladen in einer leicht geölten Pfanne von beiden Seiten je 1 Minute braten. Sie sollten beginne, Farbe anzunehmen, aber noch elastisch genug zum Einrollen bleiben.

3. Für das Hummus Kichererbsen, Tahin, Olivenöl und Zitronensaft pürieren und mit den Gewürzen abschmecken.

4. Den Rehrücken aus der Marinade nehmen, die Marinade aufheben. Das Fleisch abtupfen und kurz bei großer Hitze anbraten. Im auf 100 °C vorgeheizten Backofen einige Minuten bis zum gewünschten Gargrad ziehen lassen und das Fleisch quer zur Faser so dünn wie möglich aufschneiden.

5. Das Hummus auf den Teigfladen verstreichen, das aufgeschnittene Fleisch dazugeben und mit der restlichen Öl-Marinade beträufeln.

6. Die Samen des Springkrauts in einer kleinen Pfanne für einige Sekunden trocken anrösten, zusammen mit Springkrautblüten, Sauerklee und etwas Olivenöl über das Fleisch streuen und die Fladen einrollen.

Das indische Springkraut zählt zu den eingewanderten Pflanzen, den „Neophyten". Auf der einen Seite gibt es die Befürchtung, dass es ganze Biotope überwuchern könnte, auf der anderen Seite wissen manche Imker die späte Blüte im August als Tracht für ihre Bienen zu schätzen. Auch ich freue mich über ein weiteres Lebensmittel, denn Blüten und Samen des Krauts sind essbar. Die rosafarbenen Blüten schmecken nur wenig intensiv, machen sich aber wirklich gut auf dem Teller, und die Samen sind echte Geschmacksbomben: Sie reifen in grünen Schoten, die explodieren, sobald man sie berührt. Geschmacklich erinnern sie ein bisschen an Walnüsse.

ZUBEREITUNG TEIGFLADEN: 60 MINUTEN · **ZUBEREITUNG HUMMUS UND FLEISCH:** 30 MINUTEN · **MARINIEREN:** 6–12 STUNDEN

Ćevapčići

Teilstück: Schulter
Für 4 Personen

FLEISCH:

800 g Hackfleisch vom Reh aus der Schulter, angefroren

1 EL getr. Bohnenkraut

1 EL Paprikapulver rosenscharf

1 TL schwarzer Pfeffer, grob geschrotet

½ TL Bärlauchsalz
(alternativ normales Salz und 1–2 Knoblauchzehen, gehackt)

evtl. neutrales Bratöl

REIS:

1 Zwiebel, fein gewürfelt

2 rote Spitzpaprika, fein gewürfelt

Olivenöl zum Dünsten

400 g Reis

200 g Ajvar

400 ml Rehbrühe
(siehe Grundrezept S. 61)

50 g Erbsen

eine Handvoll Johannisbeeren

Salz

BEILAGE:

Dazu passen gegrillte Paprika oder Zucchini.

1. Das angefrorene Fleisch durch den Fleischwolf drehen, eine mittlere Lochgröße (3–5 mm) ist optimal.

2. Das Hackfleisch gründlich mit dem Bohnenkraut und den Gewürzen vermischen, längliche Rollen (ca. 10 cm lang und 3 cm Durchmesser) formen und einige Stunden im Kühlschrank ziehen lassen.

3. Für den Djuvec-Reis Zwiebel- und Paprikawürfel bei schwacher bis mittlerer Hitze in etwas Olivenöl dünsten. Sobald die Zwiebelwürfel glasig sind, den Reis dazu geben, mitbraten und das Ajvar unterrühren. Mit der Rehbrühe ablöschen und zugedeckt bei schwacher Hitze ca. 20 Minuten ziehen lassen, bis die gesamte Flüssigkeit aufgenommen ist. Erbsen und Johannisbeeren untermischen und nach Geschmack salzen.

4. Das Fleisch rundum auf einem vorgeheizten Grill scharf angrillen, dann am kühleren Rand des Rostes ziehen lassen. Alternativ die Ćevapčići in geschmacksneutralem Öl in einer Pfanne rundum scharf anbraten und anschließend 5–10 Minuten bei 100 °C im vorgeheizten Backofen (Ober-/Unterhitze) garen. Im Inneren sollten die Ćevapčići noch eine rosa Farbe aufweisen.

Es gibt leider nicht viel, worauf sich (fast) alle Menschen einigen können – aber die Idee, Hackfleisch zu würzen, zu kleinen Bällchen zu formen und anschließend zu braten, scheint wirklich überall gut anzukommen. Jedes Land und jede Region hat eine eigene typische Zubereitung für Fleischklopse: „Köttbullar" im hohen Norden, „scotch eggs" in Großbritannien, „Köfte" in der Türkei und den arabischen Ländern und auf dem Balkan eben Ćevapčići.

ZUBEREITUNG: 60 MINUTEN · **RUHEZEIT:** EINIGE STUNDEN

ZUBEREITUNG: 15 MINUTEN

Carpaccio vom Rehfilet
mit pürierten Waldhimbeeren

Teilstück: Filet
Für 4–6 Personen

2 Rehfilets, insg. ca. 150 g
2 Handvoll Himbeeren
Olivenöl
schwarzer Pfeffer aus der Mühle

HINWEIS:

Ich verzichte beim Würzen bewusst auf Salz, es passt für mich nicht zu der Kombination aus Rehfleisch und Beeren.

1. Die Filets in dünne Scheiben schneiden und mit der glatten Seite des Fleischklopfers plattieren. Die Himbeeren pürieren (es lohnt sich wirklich, wilde Himbeeren im Wald zu sammeln – sie schmecken wesentlich intensiver als gekaufte).
2. Himbeerpüree und Filet anrichten, mit wenig Olivenöl und reichlich schwarzem Pfeffer abschmecken.

Es lohnt sich eigentlich kaum, ein Rehfilet zu braten. Das Stück ist winzig und furchtbar schnell versehentlich durchgegart – und selbst wenn es gelingt, es auf den Punkt zu garen, ergibt ein Rehfilet gerade mal drei oder vier Gabeln Genuss. Trotzdem ist das zarte, sehnenfreie Fleisch etwas Besonderes, keine Frage: Roh, als feinstes Carpaccio, kommt es besonders zur Geltung. Fruchtige, süße Wildhimbeeren direkt aus dem Revier sind dabei eine ideale Kombination zum eher säuerlich-metallischen Geschmack des Filets.

ZUBEREITUNG: 25 MINUTEN

Rehkeule mit Kaffee

Teilstück: Keule
Für 4–6 Personen

Oberschale, Unterschale und Nuss, ausgelöst und pariert, je 400 g

10 EL Kaffeebohnen

3 TL weißer Pfeffer

10 Wacholderbeeren

½ TL Fenchelsamen

3 TL brauner Zucker

3 TL ungesüßtes Kakaopulver

3 TL Paprikapulver rosenscharf

TIPP:

Ich grille die ausgelösten Muskeln aus der Keule immer im Ganzen und schneide das Fleisch erst später am Tisch auf. Dünne Medaillons haben eine größere Oberfläche und werden auf dem Rost leicht unangenehm trocken, auch weil der optimale Gargrad bei kleinen Stücken schnell überschritten ist.

1. Kaffeebohnen, Pfeffer, Wacholder und Fenchel in der Pfanne trocken anrösten, bis sie duften, dann mit den anderen Gewürzen im Mörser fein zerreiben.
2. Die von Fett und Sehnen befreiten Fleischstücke rundum in der Gewürzmischung wälzen und das Pulver ein wenig andrücken.
3. Das Fleisch zunächst kurz bei starker, direkter Hitze grillen und anschließend am kühleren Rand des Rosts bei geringer Hitze etwa 10 Minuten ziehen lassen.

Zugegeben: Kaffee und Holzkohlegrill passen auf den ersten Blick vielleicht nicht besonders gut zusammen. Allerdings ändert sich dieser Blick ganz entscheidend, wenn man schon zum Sonnenaufgang gegen halb fünf auf dem Hochsitz auf einen Rehbock gewartet hat und einem später beim Grillen die Augen ständig zufallen.

Galettes

Teilstück: Rolle und Hüfte
Für 8–10 Galettes

350 g Buchweizenmehl
1 Ei
750 ml Wasser
½ TL Salz
Butter zum Braten

BELAGVARIANTE 1:

50 g Reh-Hackfleisch aus der Rolle, feinste Scheibe
1 Frühlingszwiebel
Öl zum Braten
1 Wachtelei
50 g Camembert, in Scheiben

BELAGVARIANTE 2:

50 g Reh-Hackfleisch aus der Rolle, feinste Scheibe
2–3 Totentrompeten (alternativ Steinpilze, Maronen, Pfifferlinge …)
Öl zum Braten
50 g Bergkäse, gerieben
einige Walnüsse

BELAGVARIANTE 3:

ca. 100 g Hüfte vom Reh, ausgelöst und pariert
Butterschmalz zum Braten
50 g Blauschimmelkäse (alternativ Crème fraîche)
¼ Birne, in feine Scheiben geschnitten
Haselnüsse, grob gehackt

Die Mengen für die Belagvarianten sind jeweils für 1 Galette angegeben – so können Sie selbst entscheiden, welchen Belag Sie für welche Anzahl Pfannkuchen zubereiten möchten.

1. Alle Teigzutaten verrühren und 1–2 Stunden in den Kühlschrank stellen. Während der Teig ausquillt, können die Belagvarianten zubereitet werden.

2. In einer Pfanne etwas Butter zerlassen und aus dem Teig bei mittlerer Hitze dünne, weiche Pfannkuchen backen. Sofort belegen und bis zum Servieren bei 80 °C im Backofen warm halten.

3. **BELAGVARIANTE 1:** Die Frühlingszwiebel grob in Ringe schneiden und in einer trockenen Pfanne braten, bis sie Farbe annimmt. Die Hitze reduzieren, etwas Öl und das Hackfleisch hinzugeben und braten, bis es krümelig zerfällt. Währenddessen aus dem Wachtelei am Rand der Pfanne ein winziges Spiegelei braten. Den warmen Galette mit Camembert, Hackfleisch und Frühlingszwiebel belegen, zu einem Viereck falten und das Wachtel-Spiegelei oben auf das Päckchen legen.

BELAGVARIANTE 2: Frische Pilze feinblättrig schneiden, und zusammen mit dem Hackfleisch in etwas Öl braten, bis das Hack Farbe nimmt und beginnt zu zerfallen. Getrocknete Pilze evtl. zuvor 15 Minuten in heißem Wasser einweichen und ausdrücken.

Den warmen Galette mit geriebenem Bergkäse bestreuen und schmelzen lassen. Hackfleisch, Pilze und Walnüsse auf dem Galette verteilen und zum Päckchen falten.

BELAGVARIANTE 3: Das Rehfleisch in Butterschmalz scharf anbraten und zusammen mit den bereits fertigen Galettes für etwa 15 Minuten bei 80 °C im Backofen ziehen lassen. Wenn der gewünschte Gargrad erreicht ist, quer zur Faser in dünne Scheiben schneiden. Blauschimmelkäse (oder Crème fraîche) auf dem warmen Galette verteilen, mit Birnenscheiben, gehackten Haselnüssen und Rehrückenscheiben belegen und zu einem Päckchen falten.

„Galettes" sind nordfranzösische Pfannkuchen aus nussigem Buchweizenmehl. Buchweizen ist kein Getreide, sondern ein Knöterichgewächs, in Deutschland wird er nur selten angebaut. Einen Sommer über bin ich aber regelmäßig an einem Feld vorbeigekommen, zuverlässig konnte ich in der Dämmerung dort einige äsende Rehe beobachten. Auch die für Wildäcker angebotenen Saatmischungen enthalten häufig einen gewissen Anteil Buchweizen für die Rehe.

ZUBEREITUNG: 60 MINUTEN · **AUSQUELLEN:** 1–2 STUNDEN

ZUBEREITUNG: 60 MINUTEN · **AUFTAUEN:** 60 MINUTEN

Dicke Steaks aus der Rehkeule mit Whiskeybutter und Brombeerchutney

Teilstück: Keule
Für 4 Personen

FLEISCH:

Rehkeule ohne Hachse, ca. 1,5 kg, tiefgefroren
Salz
Butterschmalz

WHISKEYBUTTER:

1 Schalotte
Zucker
250 g Butter
Zucker
20 ml Whiskey
weißer Pfeffer

BROMBEERCHUTNEY:

2 Schalotten
1 TL Zucker
1 EL Butter
1–2 Chilischoten
½ TL Ingwer (nach Geschmack), fein gewürfelt
2 Handvoll Brombeeren
4 EL Portwein
Balsamicoessig
Salz

1. Die gefrorene Keule etwa 1 Stunde antauen lassen, dann quer zum Knochen in drei etwa 4 cm dicke Scheiben und zwei kleinere, halbrunde Endstücke sägen. Das noch hart gefrorene Fleisch ist leicht zu sägen, ohne dabei zu reißen oder zu zerfasern.

2. Die Steaks ganz auftauen lassen, bis das Fleisch Zimmertemperatur hat, salzen und bei starker Hitze von beiden Seiten in Butterschmalz anbraten. Anschließend für 10–15 Minuten im auf 100 °C vorgeheizten Backofen ziehen lassen, bis der gewünschte Gargrad erreicht ist (ggf. mit einem Fleischthermometer kontrollieren, Medium entspricht 58 °C).

3. Für die Whiskeybutter die Schalotte in feine Ringe schneiden und bei schwacher Hitze mit etwas Zucker in 50 g Butter dünsten, bis sie weich und glasig ist. Den Whiskey dazugeben und warten, bis die Flüssigkeit fast vollständig verkocht ist. Abkühlen lassen, und noch handwarm unter die restlichen 200 g weiche Butter mischen. Mit weißem Pfeffer abschmecken und kühl stellen.

4. Für das Brombeerchutney die Schalotten in hauchdünne Ringe schneiden und mit dem Zucker in der Butter dünsten, bis sie glasig werden. Die Chilischote entkernen und fein würfeln, zusammen mit dem Ingwer dazugeben und dünsten. Dann die Brombeeren dazugeben, nach einige Minuten beginnen sie zu zerfallen. Mit Portwein ablöschen, die Flüssigkeit verkochen lassen und mit Balsamicoessig und Salz abschmecken.

Ein Reh ist so klein, dass die einzelnen Teilstücke leider kaum ordentliche Steaks ergeben. Die Muskeln aus der Keule und der Rücken schmecken ausgelöst und kurzgebraten zwar fantastisch, aber manchmal möchte ich ein bisschen mehr Substanz auf den Teller bringen – ein pfannenfüllendes Steak macht einfach mehr her als ein Haufen kleiner Medaillons.

ZUBEREITUNG: 15 MINUTEN · WÄSSERN: EINIGE STUNDEN

Hirn mit Nusskruste

Teilstück: Hirn
Für 2 Personen

HIRN:

1 Hirn vom Reh, ca. 150 g

Salz

1 Ei

50 g Walnüsse

50 g Butter

MAYONNAISE:

2 Eigelb

Salz

1 EL Zitronensaft

100 ml neutrales Öl

Pfeffer aus der Mühle

einige Blätter Zitronenmelisse, gehackt

HINWEIS:

Hirn verdirbt schnell und muss frisch verarbeitet werden. Ich versuche normalerweise, es unmittelbar nach dem Erlegen zuzubereiten. Spätestens am nächsten Tag landet es auf jeden Fall in der Pfanne.

1. Den Schädel längs in zwei Hälften sägen und das Gehirn vorsichtig mit einem Teelöffel entnehmen. Eventuell anhängende Haare und Knochensplitter behutsam abspülen und die beiden Gehirnhälften einige Stunden in kaltes Salzwasser legen, um verbliebenes Blut auszuspülen.

2. Danach frisches Salzwasser zum Kochen bringen, etwas abkühlen lassen und das Hirn einige Minuten darin pochieren, bis es fest und hellgrau ist. Das Ei verquirlen und die Walnüsse hacken, dann das Hirn erst im Ei, dann in den Nusssplittern wenden. Bei geringer bis mittlerer Hitze reichlich Butter zerlassen und das panierte Hirn darin von allen Seiten goldbraun braten.

3. Zum nussigen Gehirn passt eine frische Mayonnaise. Eigelb mit Salz und Zitronensaft verquirlen, dann unter ständigem Rühren nach und nach das Öl hinzutropfen, bis es aufgebraucht ist. Zuletzt mit Pfeffer und frisch gehackter Zitronenmelisse abschmecken.

Schon der bloße Gedanke an Gehirn auf dem Teller schreckt manche Menschen ab. Dabei macht das Organ es mutigeren Essern sogar ausgesprochen leicht, es sofort zu mögen: Gegartes Hirn schmeckt ganz mild und unaufdringlich, es ist schön hell und zergeht beinahe cremig auf der Zunge. Um dieser zarten Konsistenz etwas entgegenzusetzen, verpacke ich es in eine knusprige Kruste aus Walnusssplittern.

DAMWILD

GRUPPENANSITZ IM AUGUST

GEMEINSAME JAGDMOMENTE

Jagd ist manchmal anstrengend: Stundenlang sitzen, konzentriert und möglichst ohne die kleinste Bewegung. Hochsitze bauen. Hunde ausbilden, die einen ganz eigenen Kopf haben und manchmal einfach kein Interesse an der ihnen zugedachten Aufgabe. Noch in tiefster Dunkelheit aufstehen, um rechtzeitig vor dem Morgenlicht schon auf dem Hochsitz zu sein. In Mondnächten spontan anderen Jägern helfen, ein schweres Wildschwein auszunehmen und in den Kühlraum zu schaffen.

Nicht nur trotzdem, sondern genau deswegen gehe ich gerne zur Jagd. Das Ziel ist klar: Beute machen und das beste Fleisch essen. Der Weg dorthin ist es nicht, und geradlinig verläuft er nur selten. Es macht Freude, die immer wieder überraschend auftauchenden kleinen Herausforderungen zu bewältigen – und sich ein Lebensmittel vom Anfang bis zum Ende zu verdienen.

Außerdem es macht Freude, diese kleinen Abenteuer zu teilen. Ich bin auf dem Weg nach Schwaben, um dort mit Felix und einigen anderen Jägerinnen und Jägern gemeinsam zu jagen. Im Kofferraum habe ich Akira, mein Gewehr und eine Kühlbox mit Wildfleisch: Reh-Cevapcici und Steaks aus der Keule, marinierten Wildschweinrücken und zwei Gläser Whiskeybutter …

Wir wollen nicht nur jagen, sondern auch grillen und zusammensitzen. Es soll nicht ausschließlich ums Beutemachen gehen, das könnten wir zu Hause auch. Im Vordergrund stehen der Austausch und die gemeinsame Zeit.

Und doch: Schon jetzt auf der Hinfahrt habe ich auch Beute im Kopf: Ich weiß, dass wir in einem Revier jagen wollen, in dem neben Rehen und Wildschweinen auch Damwild vorkommt. Bei uns in der Gegend gibt es die Wildart nicht, für mich ist das ist etwas Besonderes.

Genau wie das Rotwild gehört auch das Damwild zu den echten Hirschen. Die Tiere leben in Rudeln und die ausgewachsenen Männchen tragen ein mehrere Kilo schweres Geweih auf dem Kopf. Beide Arten sind wesentlich größer als Rehe. Ein ausgewachsener Rehbock wiegt bereits ausgenommen vielleicht 20 Kilo – ein kräftiger Damhirsch bringt über 100 Kilo auf die Waage und ein besonders starker Rothirsch sogar mehr als 200 Kilo.

Entsprechend großen Hunger haben die Tiere, und in der Kulturlandschaft stillen sie ihn an Nutzpflanzen und jungen Bäumen. Um die unausweichlichen Konflikte mit der Land- und Forstwirtschaft wenigstens räumlich zu begrenzen, wurden in den meisten Bundesländern „Einstandsgebiete" oder „Bewirtschaftungsbezirke" festgelegt, in denen die Tiere leben können – außerhalb dieser Flächen sollen sie nach Möglichkeit immer geschossen werden.

Während es Rehe und Wildschweine so gut wie überall in Deutschland gibt, kommen die beiden Hirscharten deshalb nur in den ihnen zugestandenen Bereichen vor – oft sind es nur wenige Prozent der Landesfläche. Entsprechend seltener werden sie erlegt. Jahr für Jahr werden im Bundesgebiet insgesamt über eine Million Rehe und etwa eine halbe Million Wildschweine geschossen – und das, ohne dass deshalb die Gesamtpopulation zurückgehen würde. Dam- und Rotwild sind erheblich seltener: von beiden Hirscharten werden jeweils nur um die 70.000 Tiere jährlich erlegt.

Rund 400.000 Jägerinnen und Jäger gehen in Deutschland auf die Pirsch. Rechnet man das erlegte Wild auf diese Zahl um, bleiben pro Person etwa drei Rehe, ein oder zwei Wildschweine – und nur alle paar Jahre Dam- oder Rotwild. Ich selbst habe bisher erst ein einziges Mal Damwild gejagt, auch wenn ich diese Wildart schon häufiger beobachten und fotografieren konnte.

Dieses Wochenende könnte ich erneut die Gelegenheit haben, ein solches Tier zu erlegen – und später zu Hause dann das außergewöhnliche Wildfleisch zu genießen.

Schon kurz nach der Ankunft geht es raus auf die Jagd. Leise pirsche ich zu dem mir zugewiesenen Hochsitz. Er steht am Rand einer größeren offenen Fläche mit gerade gewachsenen alten Fichten, weiter entfernt auf beiden Seiten wächst dichtes Gestrüpp. Wild kann aus allen Richtungen kommen. Zu Hause ertappe ich mich immer wieder dabei, wie ich fast nur noch auf Bereiche achte, in denen ich schon einmal Wild gesehen habe – und dann überrascht bin, wenn plötzlich doch an einer ganz unerwarteten Stelle das Laub raschelt.

Hier in einem unbekannten Revier ist das nicht so. Mit dem Gedanken an das Damwild im Hinterkopf fällt es mir trotz einer anstrengenden Fahrt leicht, meine Umgebung aufmerksam und konzentriert zu beobachten. Zur Abwechslung mal ein paar andere Bäume anzustarren, ist auch ohne Wild wirklich schön, und schlecht ist der Platz doch sicher nicht ... Schräg hinter mir höre ich ein Ästchen brechen. Dann noch ein zweites.

Krack – Pause – krack-knack – Pause. Schritte!

Langsam, ganz langsam, hebe ich das Gewehr ein Stück von der Brüstung des Hochsitzes, wie in Zeitlupe bewege ich danach den Kopf. Bis ich gelernt hatte, mich in solchen Augenblicken nicht sofort hektisch umzudrehen, hat es eine Weile gedauert. Stillhalten, abwarten. Ich werde das Wild wahrscheinlich erst sehen können, wenn es sich noch einmal bewegt – braunes Fell auf braunen Blättern ist ansonsten kaum zu erkennen.

Dann eine Silhouette – und eine Stimme: „Hier ist auch nichts. Wahrscheinlich hast' recht und es ist wirklich zu trocken." Ein älterer Mann mit einem Korb und Gummistiefeln tappt Schritt für Schritt mit gesenktem Blick unter den Bäumen herum. „Oder wir sind einfach zu früh dran. Pfiffer im August, das wird nix. Hatte ich doch gesagt", erwidert eine weiter entfernte Frauenstimme.

Pilzsucher, Scheiße. Ich sammle selbst gerne Pilze, ich bin eigentlich der letzte, der ihnen böse sein dürfte – aber müssen sie wirklich so fern der Wege suchen? Obwohl sie scheinbar selbst glauben, dass es noch reichlich früh im Jahr ist? Obwohl ihnen doch offenbar bewusst ist, dass es seit Wochen nicht geregnet hat? Und vor allem: Genau hier und jetzt?

Ich weiß, dass es ihr gutes Recht ist, Zeit im Wald zu verbringen. Ein bisschen ärgerlich ist es trotzdem. Ich hatte mich sehr bemüht, leise und unbemerkt auf meinen Hochsitz zu gelangen, und seit ich dort angekommen war, habe mich nicht einmal mehr getraut, mich zu bewegen. Auch Akira hat sich vorbildlich verhalten und liegt immer noch mucksmäuschenstill auf einer alten Jacke. Nur den Kopf hat sie ein wenig gehoben, als sie die Stimmen gehört hat. Jetzt schaut sie den beiden hinterher, während das Pärchen ohne uns zu bemerken einmal quer über die offenere Fläche geht. Als sie auf der anderen Seite im Dickicht verschwinden, diskutieren die beiden laut, ob das überhaupt die richtige Richtung ist. Ich muss wohl damit rechnen, dass die erfolglosen Pilzsucher sich anders entscheiden und gleich wieder zurückkommen.

Erfolglos ist mein Stichwort: An diesem Platz wird das heute wohl nichts mehr. Noch eine halbe Stunde, dann ist es zu dunkel zum Schießen, und jegliches Wild in der Umgebung haben die beiden mit Sicherheit verscheucht. Wie sie überhaupt glauben konnten, im Dämmerlicht noch Pilze entdecken zu können, ist mir ein Rätsel.

Normalerweise würde ich versuchen, aus einer solchen Situation das Beste zu machen und einfach mit Akira noch eine halbe Stunde auf dem Weg spazieren gehen. Nach der Fahrt wären ein paar Schritte sowieso genau das Richtige – allerdings könnten wir den anderen aus der Gruppe den Ansitz verderben, genau wie die Pilzsucher mir. Wie um mich noch einmal daran zu erinnern, warum ein Spaziergang heute nicht in Frage kommt, fällt nicht weit entfernt der erste Schuss.

Es soll der einzige des Abends bleiben. Eine halbe Stunde später treffen wir uns und Andreas bringt im Kofferraum einen „Damspießer" mit. Die einjährigen männlichen Tiere heißen so, weil sie noch kein richtiges Geweih tragen, sondern nur zwei gerade, spitze Stangen auf der Stirn haben – Spieße eben. Für mich ist es ungewohnt, ein so großes Tier in der Wildwanne liegen zu sehen, dabei ist der junge Hirsch

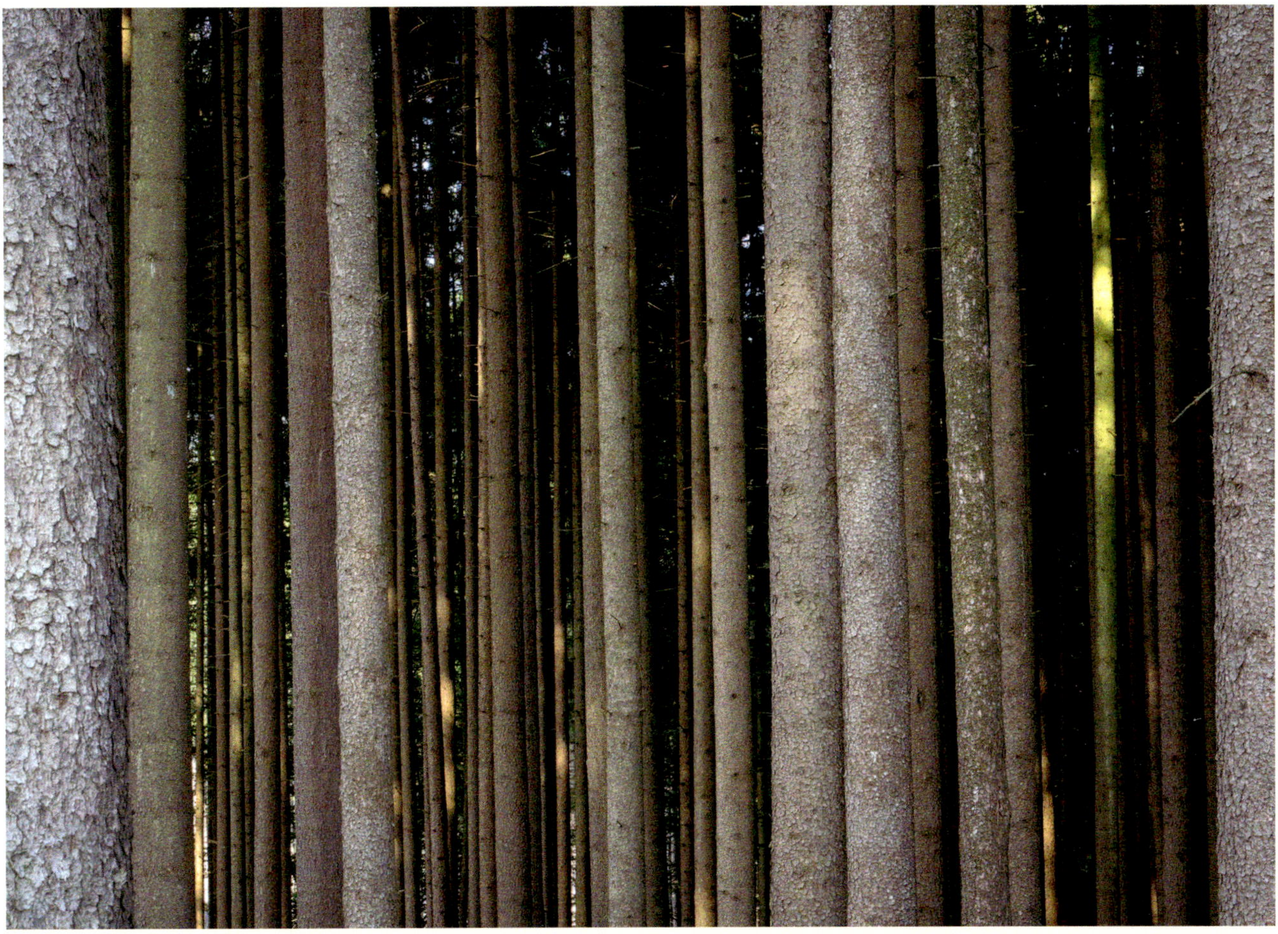

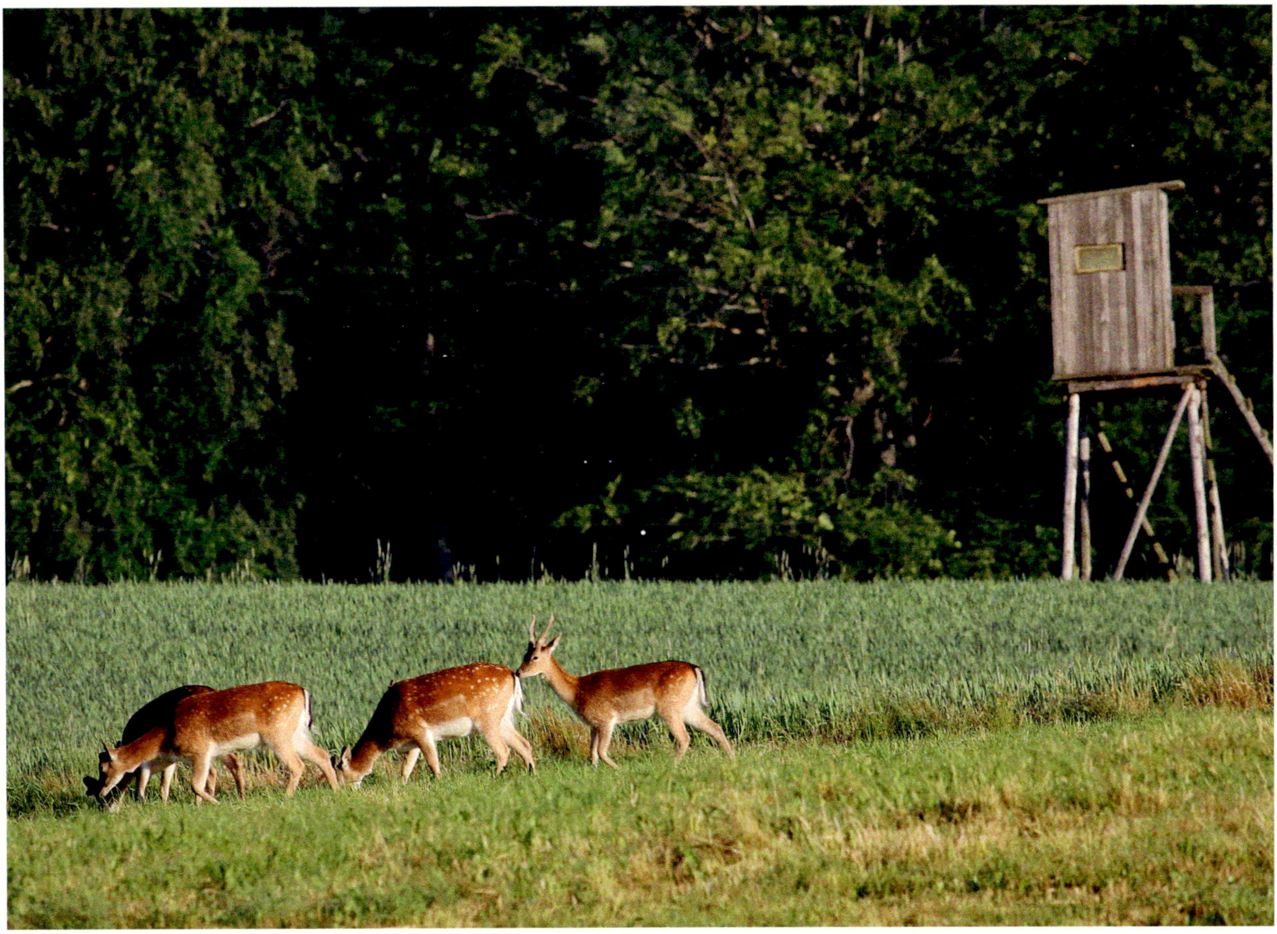

noch nicht einmal ausgewachsen. 30 Kilo wird er wohl mindestens wiegen? Andreas saß nur einen oder zwei Hochsitze weiter, ein paar hundert Meter waren es höchstens – hätte der Spießer ohne die Pilzsucher vielleicht auch einen anderen Weg nehmen können? Ist er vielleicht sogar nur wegen ihnen in Andreas Richtung gelaufen?

Das Wochenende vergeht schnell, geschlafen wird kaum: in der Morgen- und Abenddämmerung sind wir auf der Jagd, dazwischen bleibt Zeit zum Grillen, Diskutieren und Fachsimpeln. Die Gruppe besteht aus etwa fünfzehn Jägerinnen und Jägern, alle bringen ganz unterschiedliche Ansichten und Erfahrungen mit. Einige beschäftigen sich sogar beruflich mit Jagd und Wildbiologie und haben besonders viel zu erzählen und ich lerne viel dazu.

Beute mache ich an den folgenden Tagen allerdings keine. Das ist nicht ungewöhnlich. Um ein Tier zu erlegen, gehe ich durchschnittlich etwa fünf Mal auf die Jagd – vier Mal komme ich mit leeren Händen nach Hause. Hin und wieder sind auch zehn oder mehr Anläufe nötig, aber irgendetwas gibt es immer zu entdecken. Am zweiten Abend kann ich ein weibliches Reh lange beobachten. Nur ein einjähriges Tier, ein Schmalreh, dürfte ich jetzt im August schießen. Es wäre zu jung, um schon eigenen Nachwuchs zu haben, erst ab dem dritten Lebensjahr bekommen Rehe Kitze. Das Tier ist klein und zierlich, aber das kann täuschen. Kopfform und Gesichtsausdruck kommen mir sehr erwachsen vor, und das Kitz könnte für mich unsichtbar im Gestrüpp liegen? Eigentlich bin ich mir sicher, dass ich ein Schmalreh vor mir habe – aber eben nicht todsicher. Ich schieße ein paar Fotos, und freue mich, dass Akira brav am Fuß der Leiter liegen bleibt, obwohl sie keine Leine trägt. Irgendwann verschwindet das Reh wieder. Keine Beute, aber eine weitere schöne Erinnerung an dieses Wochenende.

Auf der Rückfahrt liegt das Fleisch des von Andreas erlegten Spießers gut gekühlt in meinem Kofferraum. Er selbst wohnt im Norden und hätte es wegen der langen Fahrt kaum mitnehmen können, deshalb konnte ich den jungen Hirsch kaufen und am letzten Abend schon zuschneiden.

Normalerweise esse ich ungern Wild, das ich nicht selbst erlegt habe, aber dieses Mal fällt es mir leicht, eine Ausnahme zu machen. Das ganze Wochenende haben wir als Gruppe verbracht, Wissen und Tipps ausgetauscht und gemeinsame Jagdmomente geteilt. Andreas hatte das entscheidende bisschen Jagdglück, mir hat es gefehlt – aber anonymes Fleisch ist der Spießer für mich sicher nicht.

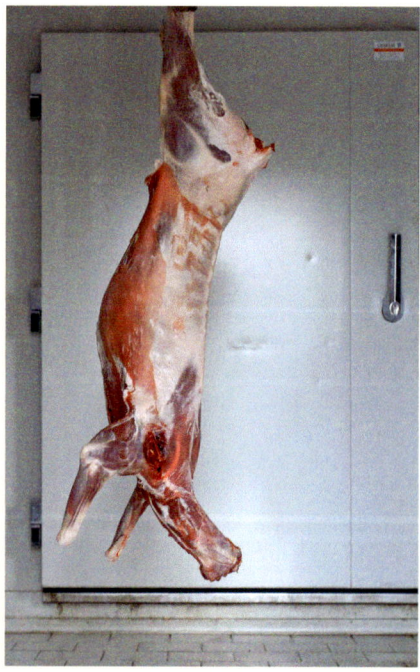

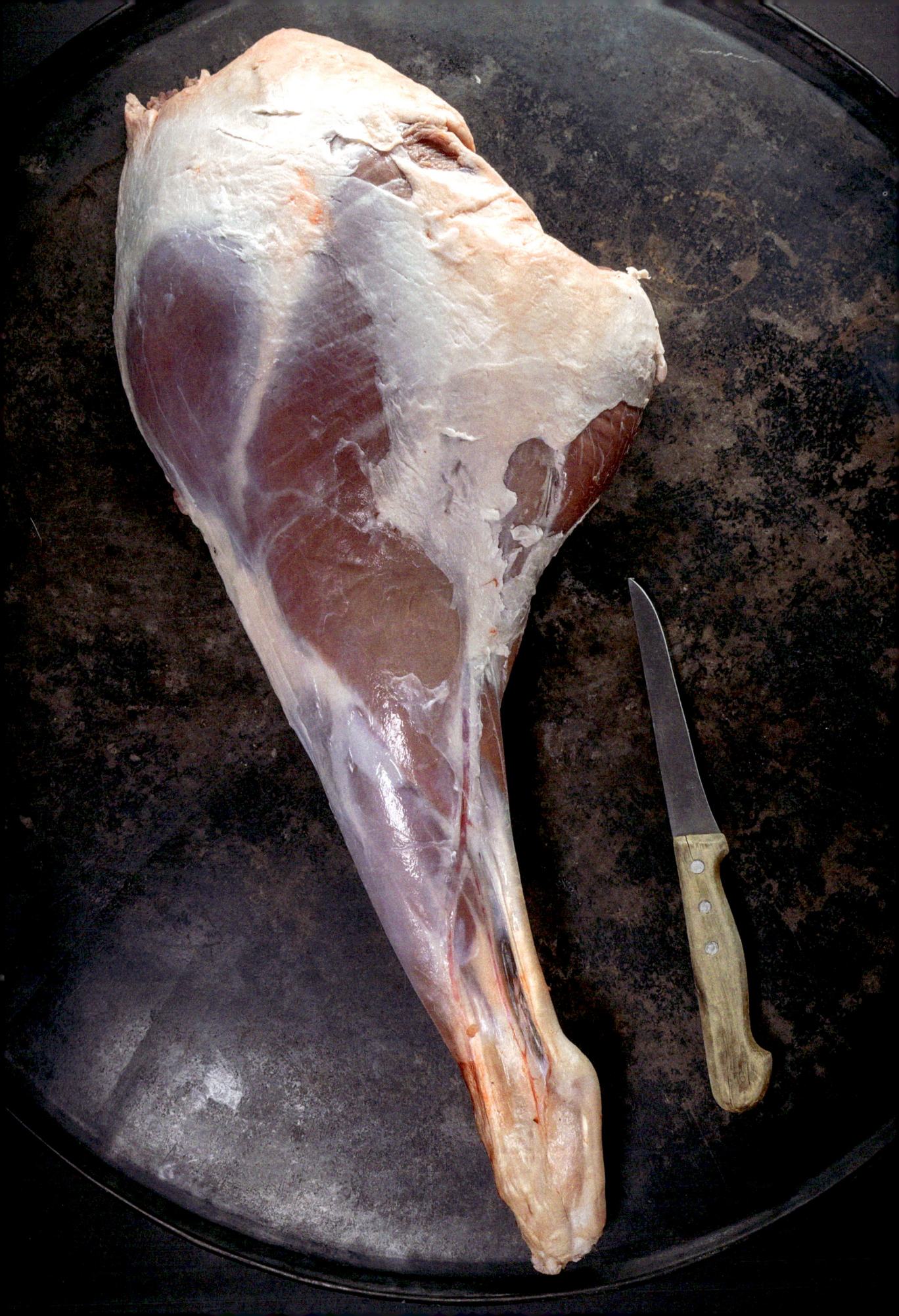

FAKTEN DAMWILD

Ob Damwild bei uns überhaupt wirklich heimisch ist, ist umstritten – ursprünglich stammt die Art aus dem östlichen Mittelmeerraum. Bereits die Römer haben aber dafür gesorgt, dass das Damwild sich in ihrem Reich weit verbreiten konnte, und auch später wurden die Tiere gezielt ausgewildert. Heute ist die Art längst fest etabliert und vor allem in Nord- und Ostdeutschland verbreitet.

Häufig sieht man sie in Wildparks oder in landwirtschaftlichen Gattern zur Fleischgewinnung, leicht zu erkennen am markanten Schaufelgeweih der Hirsche und an ihrem gefleckten Sommerfell.

Damwild ist eine ausgesprochen soziale Wildart, die Tiere bilden große, nach Geschlechtern getrennte Rudel. Mehrere untereinander verwandte Weibchen leben mit ihren „Kalb" genannten Jungtieren zusammen, die Männchen bilden eigene Gruppen. Zur Paarungszeit im Oktober ziehen jedes Jahr alle Tiere einer Region für einige Tage zu den immer gleichen Brunftplätzen, nicht selten werden sie dort auch bejagt. Hin und wieder wird in Schutzgebieten angeboten, die Brunft gemeinsam mit einem Ranger oder Naturführer zu beobachten. Ein unglaubliches Erlebnis, eine solche Möglichkeit sollte man sich auf keinen Fall entgehen lassen!

Die Gelegenheit dazu erhält man wohl am ehesten in Norddeutschland, große Damwildbestände gibt es insbesondere in Niedersachsen, Schleswig-Holstein, Mecklenburg-Vorpommern und Brandenburg. In jedem dieser vier Bundesländer können jährlich mehr als 10.000 Tiere erlegt werden – mehr als im gesamten restlichen Bundesgebiet.

Der Damspießer für die folgenden Rezepte war ein gutes Jahr alt und noch nicht ausgewachsen. Ausgenommen brachte er 33 Kilo auf die Waage, davon war knapp die Hälfte Muskelfleisch – besonders kräftige Hirsche wiegen etwa drei Mal so viel.

ZUBEREITUNG: 1 STUNDE · **KOCHEN:** 5 STUNDEN · **KÜHLEN:** EINIGE STUNDEN

Sülze

Teilstück: Hals
Für 4–6 Personen

1 Hals, am Knochen
ca. 1 l Wildbrühe
(siehe Grundrezept S. 61)
2 Karotten, in dünnen Scheiben
2–4 EL Weißwein
2–4 EL Essig
Salz
weißer Pfeffer aus der Mühle
4 Gewürzgurken, gewürfelt
1 Paprikaschote, in Streifen
2 gekochte Eier, in Scheiben

BEILAGEN:

Zu Sülze passen eine selbst gemachte Kräuterremoulade, Bratkartoffeln mit Zwiebeln, saure Gurken und natürlich Bier.

TIPP:

Besonders schön sieht die Sülze aus, wenn das Fleisch vor dem Kochen gepökelt wird. Pökelsalz oder NPS enthält Natriumnitrit. Es verbessert die Haltbarkeit des Fleischs, verleiht Schinken und Brühwurst die typische rote Farbe und verhindert die Vermehrung unerwünschter Mikroorganismen noch besser als das übliche Kochsalz. Erhältlich ist es im Fleischereibedarf oder – mit etwas Glück – auch auf Nachfrage direkt beim Metzger. Die Lake nach dem Rezept für Rehleberwurst (siehe Seite 71) ansetzen und den Hals darin eingelegt vor der Weiterverarbeitung für 3–5 Tage kalt stellen. Wird gepökeltes Fleisch verwendet, die Brühe nicht zusätzlich salzen.

Für Sülze braucht man zunächst eine Brühe, die so konzentriert ist, dass sie schon bei Raumtemperatur geliert. Grundlage ist eine „normale" Brühe, die entweder so lange gekocht wird, bis die Hälfte der Flüssigkeit verdampft ist – oder, noch einfacher, ein zweites Mal mit Knochen und sehnigem Fleisch angesetzt wird. Das dabei mitgekochte Fleisch wird später als Einlage verwendet.

1. Den Hals mit dem Messer zwischen den Wirbelknochen in zwei oder drei Stücke teilen und in einen Topf geben. Brühe angießen bis das Fleisch bedeckt ist, aufkochen und mindestens 5 Stunden bei geringster Hitze simmern lassen. Um zu kontrollieren, ob die Brühe bereits geliert, einige Esslöffel voll in ein Glas geben und für 30 Minuten kalt stellen. Wird die abgekühlte Brühe nicht fest, noch weiter reduzieren und wenn möglich einige zusätzliche Sehnen in den Ansatz geben. Wenn die Brühe bereits geliert, Karottenscheiben für 10 Minuten in der Flüssigkeit mitgaren, dann das Fleisch und die Karotten aus der Brühe nehmen und zum Abkühlen beiseite stellen. Den reduzierten Fond währenddessen durch ein Küchentuch passieren, um ihn zu klären, dann mit Weißwein, Essig, Salz und Pfeffer sauer abschmecken. Dabei beachten, dass er in kaltem Zustand später deutlich weniger intensiv schmecken wird.

2. In vier Schüsseln jeweils einige Esslöffel Brühe geben und kalt stellen. Das Fleisch vom Knochen zupfen und die Stücke dann zusammen mit den Karottenscheiben, gewürfelten Gewürzgurken, Paprikastreifen und dem in Scheiben geschnittenen Ei vorsichtig auf der bereits gelierten Brühe in die Schüsseln einschichten. Die Sülze wird später gestürzt, die unterste Schicht ist dann die oberste, sichtbare.

3. Die restliche, bereits abgekühlte Brühe angießen, bis alle Zutaten bedeckt sind und einige Stunden kalt stellen, bis die Brühe vollständig fest geworden ist. Zum Servieren die Schüsseln kurz in heißes Wasser tauchen, dann stürzen.

Sülze ist super! Sülze ist wirklich einfach fantastisch! Trotzdem scheint sie sowohl aus den Köpfen als auch den Kochbüchern leider schon beinahe verschwunden zu sein – höchste Zeit, das zu ändern. Sülze zu kochen ist sogar nicht einmal besonders aufwändig, und wenn man statt gekauftem Gelatinepulver eine intensive, selbstgemachte Brühe verwendet, schmeckt auch der sonst ein bisschen langweilige glibberige Teil.

Hackfleisch im Mangoldblatt

Teilstück: Abschnitte und Bauchlappen
Für 4 Personen

FLEISCH:

600 g Hackfleisch

15 Mangoldblätter

Salz

½ TL Kreuzkümmel

½ TL Kurkuma

½ TL Koriander

½ TL Cayennepfeffer

5 Schalotten, in Ringe geschnitten

2–3 Knoblauchzehen, gewürfelt oder durchgepresst

Kirschtomaten

Olivenöl

COUSCOUSSALAT:

250 ml Rehbrühe (siehe Grundrezept S. 61)

Salz

250 g Couscous

Olivenöl

½ Gurke

1 rote Paprika

1–2 Chilischoten

Blaubeeren (und/oder Himbeeren, Brombeeren, Walderdbeeren …)

Minze und Zitronenmelisse, gehackt

Zitronensaft

1. Den Couscoussalat am besten noch vor dem Fleisch zubereiten, damit das Couscous vollständig abkühlen kann – kalt schmeckt der Salat am besten. Die Brühe aufkochen, salzen und mit 2 EL Olivenöl zu dem Couscous geben. Abgedeckt einige Minuten ziehen lassen, bis das Couscous die Flüssigkeit vollständig aufgenommen hat, mit einer Gabel auflockern und abkühlen lassen. Währenddessen Gurke, Paprika und Chilischote entkernen und würfeln. Gemüse und Beeren mit dem Couscous vermischen, und mit Minze, Zitronenmelisse, reichlich Zitronensaft und Salz abschmecken.

2. Die Stiele der Mangoldblätter entfernen und aufheben. Die Blätter 2–3 Minuten in kochendem Salzwasser blanchieren, bis sie weich und nachgiebig sind, sofort mit kaltem Wasser abschrecken. Dabei darauf achten, dass die Blätter nicht einreißen.

3. Den Backofen auf 120 °C (Umluft) vorheizen. Das Fleisch würfeln, eventuell kurz anfrieren und durch die feine Scheibe des Fleischwolfs drehen. Das Hackfleisch gründlich mit den Gewürzen vermischen und jeweils einige Löffel auf den Rand eines vorbereiteten Mangoldblatts geben. Locker einrollen, dabei beachten, dass sich das Hack beim Garen ausdehnt. Die Mangoldstiele in Scheiben schneiden, und zusammen mit Schalotten und Knoblauch auf dem Boden einer hitzebeständigen Form verteilen. Die gefüllten Blätter dicht nebeneinander darauflegen, am Rand Kirschtomaten verteilen und alles mit Olivenöl beträufeln. Im Backofen bei 120 °C für 40 Minuten sanft garen und auf dem Couscoussalat anrichten.

Heiße Sonnentage und Wild passen für viele Menschen nicht zusammen, leider. Sie denken sofort an den klassischen Braten, an Rotkraut, Preiselbeeren, Burgundersauce und an wenigstens kinderkopfgroße Kartoffelklöße. Dabei ist auch dieses Rezept durch und durch „wild", mit Wildhack, Wildbrühe und wildgewachsenen Beeren – und trotzdem perfekt für den Sommer.

ZUBEREITUNG: 40 MINUTEN · **GAREN:** 40 MINUTEN

Soljanka

Teilstück: Schulter
Für 4 Personen

1 kg Fleisch, stark durchwachsen

2 Zwiebeln, in Ringen

3 EL Butterschmalz

2–3 Knoblauchzehen, gehackt

2 EL Tomatenmark

250 ml Wildbrühe
(siehe Grundrezept S. 61)

5 Tomaten

2 gelbe Paprika

2 Lorbeerblätter

2 Nelken

5 Pimentkörner

Salz

Pfeffer aus der Mühle

1 EL Paprikapulver edelsüß

2–3 Gewürzgurken, gewürfelt,
und etwas Gurkenwasser

1 Apfel, gerieben

1 Zitrone, in Scheiben

etwas frische Petersilie, gehackt

200 g Schmand

Weißbrot zum Servieren

1. Das Fleisch in Würfel schneiden und in Butterschmalz bei großer Hitze scharf anbraten, bis es beginnt, Farbe zu nehmen. Die Hitze reduzieren und die Zwiebelringe hinzugeben, weiter braten, bis sie glasig werden. Knoblauch und Tomatenmark hinzugeben und kurz mitdünsten, dann alles mit Brühe ablöschen. Tomaten häuten, entkernen und würfeln, Paprika in dünne Streifen schneiden und zusammen mit Lorbeer, Nelken und Piment hinzugeben. Alles bei mittlerer Hitze 2 Stunden abgedeckt schmoren.

2. Zuletzt mit Salz, Pfeffer und Paprikapulver würzen und mit gewürfelten Gewürzgurken, einem guten Schluck Gurkenwasser und etwas geriebenem Apfel abschmecken und mit gehackter Petersilie, je einem Klecks Schmand und einer Zitronenscheibe anrichten, dazu Weißbrot servieren.

Als Einlage für Soljanka verwendet man normalerweise Reststücke von Wurst und Aufschnitt – dieser Schritt scheint mir aber plötzlich furchtbar unlogisch, wenn ich die nötige Arbeit selbst machen soll: Eine Wurst erst aufwendig füllen, sorgfältig brühen oder sogar tagelang räuchern, und das nur, um sie danach in einem Schmorgericht verschwinden zu lassen? Für meine Version verwende ich lieber sehnenreiches Fleisch aus der Schulter, außerdem setze ich auf frisches Gemüse statt Letscho aus dem Glas.

ZUBEREITUNG: 30 MINUTEN · **GAREN:** 2 STUNDEN

ZUBEREITUNG: 30 MINUTEN · GAREN: 2 ½ STUNDEN

Hopfengulasch

Teilstück: Eisbein/Schulter
Für 4 Personen

2 Eisbeine vom Damspießer, insgesamt ca. 600 g Fleisch

400 g durchwachsenes Fleisch aus der Schulter

2 EL Butterschmalz

2 Zwiebeln

2 Chilischoten

2 Knoblauchzehen

1 TL Paprikapulver edelsüß

1 Flasche dunkles, eher süßes Bier

ca. 20 Hopfenblüten

600 g Kartoffeln (festkochend)

Salz

schwarzer Pfeffer aus der Mühle

frischer Majoran, gehackt

HINWEIS:

Wilder Hopfen ist weit verbreitet, er wächst meistens an Bachläufen und Seen. Nur die weiblichen Pflanzen tragen die markanten Blüten, die auch zum Bierbrauen verwendet werden und für die bittere Note des Getränks verantwortlich sind.

1. Das Fleisch in Würfel schneiden und in Butterschmalz scharf anbraten, dann die Hitze reduzieren. Zwiebel und Chilischoten in Ringe schneiden, den Knoblauch würfeln und alles hinzugeben. Sobald die Zwiebeln weich sind, mit Paprikapulver bestäuben und mit Bier ablöschen.

2. Den Bratensatz loskochen und das Fleisch abgedeckt 90 Minuten bei kleiner Hitze schmoren.

3. Die Hopfenblüten hinzugeben und noch einmal 1 Stunde offen köcheln lassen, damit die Sauce ein wenig andickt. Die Kartoffeln schälen und in Stücke schneiden, dann die letzten 20 Minuten in der Sauce mitgaren. Zuletzt mit Salz, schwarzem Pfeffer und Majoran abschmecken.

Als ich das erste Mal eine der fluffigen grünen Blüten von einer wild gewachsenen weiblichen Hopfenpflanze gepflückt und vorsichtig zerkaut habe, war ich überrascht: Der Geschmack war deutlich kräftiger als erwartet, sehr, sehr herb, gleichzeitig ein wenig fruchtig und er hielt sich erstaunlich lange im Mund. Ich habe sofort einige Ranken mitgenommen und begonnen, mit den Blüten zu experimentieren.

Gefüllte Süßkartoffel mit Damwildhack

Teilstück: Schulter
Für 4 Personen

1 kg Fleisch aus der Schulter, noch leicht gefroren

4 Süßkartoffeln

2 Knoblauchzehen, zerdrückt

2 EL neutrales Öl

2 EL Olivenöl

2 TL Kurkuma

1 TL Kreuzkümmel

1–3 TL Chiliflocken

Salz

1 Bund Koriander

500 g Joghurt

5 EL Tahin

4 TL Sesam

4 EL Olivenöl (herb)

1. Die Süßkartoffeln waschen, mit einem Zahnstocher rundherum einige Male einstechen und im Ganzen und mit Schale für 45 Minuten bei 200 °C (Ober-/Unterhitze) backen.

2. Währenddessen das noch angefrorene Fleisch durch den Fleischwolf drehen (3-mm-Scheibe) und zusammen mit dem Knoblauch bei mittlerer Hitze in neutralem Öl braten, bis es Farbe nimmt und krümelig zerfällt. Die Pfanne vom Herd nehmen und das Fleisch mit Olivenöl, Kurkuma, Kreuzkümmel, Chiliflocken und Salz abschmecken, bis es ein klein wenig überwürzt scheint – Süßkartoffel und Joghurt neutralisieren das später auf dem Teller. Abdecken und warm halten.

3. Die Korianderblätter von den Stängeln zupfen und in feine Streifen schneiden. Joghurt und Tahin mischen und den Koriander unterrühren.

4. Die Süßkartoffeln aus dem Ofen nehmen, sie sollten inzwischen ganz weich und sehr saftig sein. Mit einem scharfen Messer längs einschneiden und die Süßkartoffeln vorsichtig aufklappen. Mit gewürztem Hackfleisch füllen und auf der Joghurtsauce anrichten. Zuletzt mit Sesam bestreuen und mit reichlich herbem Olivenöl beträufeln.

Das für Hack vorgesehen Fleisch verschwindet fast immer als erstes aus meinem Gefrierschrank, egal von welcher Wildart es stammt – und dieses Rezept ist daran nicht ganz unschuldig. Oft fülle ich die Süßkartoffeln mit Reh, aber mit dem Hackfleisch des Damspießers haben sie mir ganz besonders gut geschmeckt.

ZUBEREITUNG: 60 MINUTEN

Flammkuchen mit Damwild-Rücken und Knoblauchsrauke

Teilstück: Rücken
Für 4 Personen

TEIG:

450 g Mehl

150 ml Wasser

2 Eigelb

5 EL Olivenöl

1 Prise Salz

BELAG:

400 g Rücken, von Fett und Sehnen befreit

2 rote Zwiebeln

200 g Crème fraîche

Butterschmalz zum Braten

einige Stängel Knoblauchsrauke

Salz

schwarzer Pfeffer aus der Mühle

1. Aus Mehl, Wasser, Eigelb, Öl und Salz einen glatten Teig kneten, in vier Kugeln teilen und 30 Minuten abgedeckt bei Zimmertemperatur ruhen lassen.

2. Die Zwiebeln währenddessen schälen und in Ringe schneiden. Den Backofen auf 220 °C vorheizen (Ober-/Unterhitze). Den Teig auf einer bemehlten Fläche zu vier Fladen von 2–3 mm Stärke ausrollen, mit jeweils 50 g Crème fraîche bestreichen und die Zwiebeln darauf verteilen. Im vorgeheizten Ofen für zehn Minuten backen, bis der Teigrand dunkel wird.

3. Währenddessen das Fleisch in Butterschmalz anbraten, vom Herd nehmen und abgedeckt einige Minuten in der heißen Pfanne ziehen lassen. Den Flammkuchen aus dem Ofen nehmen, das Fleisch dünn aufschneiden und zusammen mit den Blättchen der Knoblauchsrauke auf den Fladen verteilen, mit Salz und reichlich schwarzem Pfeffer würzen.

BEILAGEN:

Dazu passt natürlich Federweißer.

VARIATION:

Natürlich kann statt Knoblauchsrauke im Frühjahr auch der deutlich würzigere Bärlauch verwendet werden. Eine auch im Handel erhältliche Alternative zur Knoblauchsrauke ist der eng verwandte Rucola, der auf Deutsch weniger klangvoll „Stinkrauke" heißt.

Die Knoblauchsrauke ist ein hervorragender Einstieg in die Welt der Wildkräuter: Die Art ist wegen der markanten Blätter und ihres typischen Knoblauchgeruchs wirklich einfach zu bestimmen und von April bis weit in den Herbst unter Hecken und am Rand von Laubwäldern zu finden. Ihren Geschmack trägt die Rauke im Namen, allerdings kommt die Knoblauchnote sehr subtil daher, viel milder als etwa beim Bärlauch.

ZUBEREITUNG: 30 MINUTEN · TEIGRUHE: 30 MINUTEN

ZUBEREITUNG: 60 MINUTEN · TEIGRUHE: EINIGE STUNDEN

Steak-Burger mit Walnusspesto

Teilstück: Rücken
Für 6 Personen

BRÖTCHEN:

100 ml Milch

150 ml Wasser

2 EL Honig

½ Würfel Hefe

500 g Mehl

5 EL weiche Butter

3 Eier

2 TL Salz

Sesam oder Schwarzkümmel

PESTO:

200 g Walnusskerne

50 g Parmesan, gerieben

50 ml Olivenöl

2–3 Stängel Basilikum

Salz

Chiliflocken

1 Prise Zimt

FLEISCH UND BELAG:

800 g Rücken

Butterschmalz

10 frische Maronenröhrlinge, geputzt

Butter

1 Kopf Radicchiosalat, geputzt und in Streifen geschnitten

150 g Cheddar

100 g Crème fraîche

VARIATION:

Statt Maronenröhrlingen passen auch im Handel erhältliche Pilze mit kräftigem Eigengeschmack wie Austern- und Kräutersaitlinge oder Steinpilze – Champignons allerdings eher nicht.

1. Für die Brötchen Milch, Wasser und Honig in eine Schüssel geben und die Hefe darin auflösen, einige Minuten stehen lassen. Mehl, Butter, 2 Eier und Salz hinzugeben und zu einem glatten Teig verkneten. Abdecken, 1 Stunde gehen lassen und danach einige Stunden kühl stellen.

2. In sechs Kugeln teilen, auf einem mit Backpapier ausgelegten Blech flachdrücken und noch einmal 30 Minuten bei Zimmertemperatur gehen lassen. Dann 1 Ei mit etwas Wasser verrühren, die Teigfladen damit bestreichen und mit Sesam oder Schwarzkümmel bestreuen. Den Ofen auf 200 °C (Ober-/Unterhitze) vorheizen und die Brötchen in 20 Minuten goldbraun backen. Anschließend auf einem Kuchengitter auskühlen lassen.

3. Während die Brötchen auskühlen, für das Pesto Walnüsse, Parmesan, Öl und Basilikum zu einem noch stückigen Pesto pürieren und mit Salz, Chiliflocken und Zimt abschmecken.

4. Das Fleisch von Fett und Sehnen befreien und von beiden Seiten scharf in Butterschmalz anbraten, danach im Backofen bei 100 °C bis zum gewünschten Gargrad ziehen lassen – medium ist es nach etwa 15 Minuten.

5. Die Pilze währenddessen in Scheiben schneiden und bei geringer Hitze in Butter braten, bis sie beginnen, Farbe zu nehmen. Beiseite stellen und in der noch heißen Pfanne den Cheddar schmelzen und die Crème fraîche unter dem Käse rühren. Zuletzt das Fleisch dünn aufschneiden und mit Radicchio, Pesto, zerlassenem Käse und den gebratenen Pilzen auf die Brötchen geben.

Bei einem wirklich guten Burger geht es für mich nicht nur um Aromen und Geschmack, sondern auch um die verschiedenen Konsistenzen: Ein fluffiges Brötchen, eine samtige Sauce und als Kontrast unbedingt etwas Knackiges – frischer Salat vielleicht oder kross gebratene Röstzwiebeln ... Für den Fleischanteil verwende ich statt krümeliger Hackfleischpatties deshalb oft lieber Scheiben hauchdünn aufgeschnittenes Steak: Sie sind nicht nur besonders saftig, sondern bringen auch mehr Biss ins Brötchen!

ZUBEREITUNG: 45 MINUTEN

Damwild-Pho

Teilstück: Rücken
Für 4 Personen

600 g Damwildrücken, noch angefroren

1 l Wildbrühe (vom Wildschwein, siehe Grundrezept S. 61)

2 Kardamomkapseln

1 Stange Zimt

1 EL Ingwer, gewürfelt

2 Limetten

1 Bund Koriander

2–3 Chilischoten

1 Bund Frühlingszwiebeln

Pfeffer aus der Mühle, nach Geschmack

Salz

Zucker

Fischsauce

250 g Reisnudeln

1. Die Brühe aufkochen, währenddessen Kardamom und Zimt in einer Pfanne trocken anrösten. Ingwer, Kardamom und Zimt in die kochende Brühe geben und 30 Minuten bei geringster Hitze köcheln lassen.

2. Die Limetten waschen und achteln, vom Koriander die Blättchen abzupfen. Die Chilis entkernen, Chilis und Frühlingszwiebeln in feine Ringe schneiden. Den Damwildrücken noch angefroren quer zur Faser in möglichst dünne Scheiben schneiden, den Pfeffer grob mörsern und vier Schüsseln bereitstellen.

3. Den Ingwer und die Gewürze aus der Brühe sieben und mit Salz, Zucker und Fischsauce ein wenig zu kräftig abschmecken – später werden die Nudeln den Geschmack wieder abschwächen. Dann erneut aufkochen.

4. Währenddessen die Nudeln einige Minuten in heißem Wasser einweichen bis sie weich sind, dann abgießen und auf die Schüsseln verteilen.

5. Koriander und Frühlingszwiebeln ebenfalls in die Schüsseln geben und das Fleisch darauflegen. Die kochend heiße Brühe auf die Schüsseln verteilen, dabei darauf achten, dass das Fleisch vollständig bedeckt ist, damit es innerhalb weniger Sekunden garziehen kann.

6. Am Tisch mit bereitgestelltem Pfeffer, Chilischoten, Limette und Fischsauce individuell abschmecken.

Wegen Suppen wie dieser bereite ich aus den Knochen nur selten einen klassischen, schweren Fond zu. Reduzierter Rotwein, Piment und Wacholder würden das „Küchengold" für das Rezept von vorneherein unbrauchbar machen – benötigt wird hier eine reine Wild-Essenz. Am liebsten verwende ich Wildschweinbrühe, sie schmeckt besonders kräftig und würzig.

An der Luft getrocknetes Filet

Teilstück: Filet
Ergibt ca. 150 g

2 Filets, insgesamt ca. 400 g
Zucker
40 g feines Meersalz
evtl. Pfeffer- und Wacholderkörner
evtl. getrocknete Kräuter nach Wunsch

TIPP:
Auch andere kleine Muskeln wie Rolle und Hüfte aus der Keule eignen sich gut zum Lufttrocknen. Nur sehnige Teilstücke etwa aus der Schulter bleiben nach dem Trocknen zäh.

1. Die Filets von Fett und Sehnen befreien und mit einem Küchentuch trocken tupfen. Auf den Boden einer Glas-, Ton- oder Plastikschale einige Zahnstocher legen, darauf das Fleisch platzieren – es soll keinen Kontakt zum Boden haben. Dann das Fleisch vollständig mit Zucker bedecken und kalt stellen.

2. Nach 2–3 Tagen hat der Fleischsaft den Zucker weitgehend verflüssigt und die Filets sollten schon deutlich fester geworden sein. Das Fleisch gründlich abwaschen, trocken tupfen und rundherum mit feinkörnigem Salz einreiben, dann ohne das Salz abzuklopfen das Fleisch mehrfach in selbsthaftende Frischhaltefolie einschlagen. (Wer über ein Vakuumiergerät verfügt, kann das gesalzene Fleisch natürlich auch einfach in einen Beutel einschweißen.)

3. Wiederrum 2–3 Tage später hat auch das Salz Feuchtigkeit aus dem Fleisch gezogen und sich verflüssigt, die Filets sind nun bereits fest. Erneut gründlich abwaschen und abtrocknen, dann jedes Filet einzeln fest in ein sauberes Tuch einrollen und von oben bis unten kräftig verschnüren.

4. Wer möchte, wälzt das Fleisch vor dem Einrollen in einer Mischung aus grob zerstoßenem Pfeffer und Wacholder oder anderen getrockneten Kräutern.

5. Das verschnürte Paket in einem kühlen, trockenen Raum ohne ständigen Luftzug aufhängen Ein nicht ausgebauter Dachboden ist in der kühlen Jahreszeit ideal, ein trockener Kellerraum funktioniert ebenfalls. Wärmer als 15 °C sollte der Raum nicht sein. Mindestens 1 Woche bleibt der Schinken hängen. Je länger das Fleisch reift, desto mehr Feuchtigkeit entweicht und desto fester wird er.

Rohschinken herzustellen gilt als eine der Königsdisziplinen der Fleischverarbeitung: Die Temperatur muss stimmen, ein Räucherofen wird benötigt und der Zeitaufwand ist nicht zu unterschätzen. Bei kleinen Teilstücken wie den Filets geht es aber auch deutlich einfacher: Sie werden nur gepökelt und trocknen anschließend an der Luft.

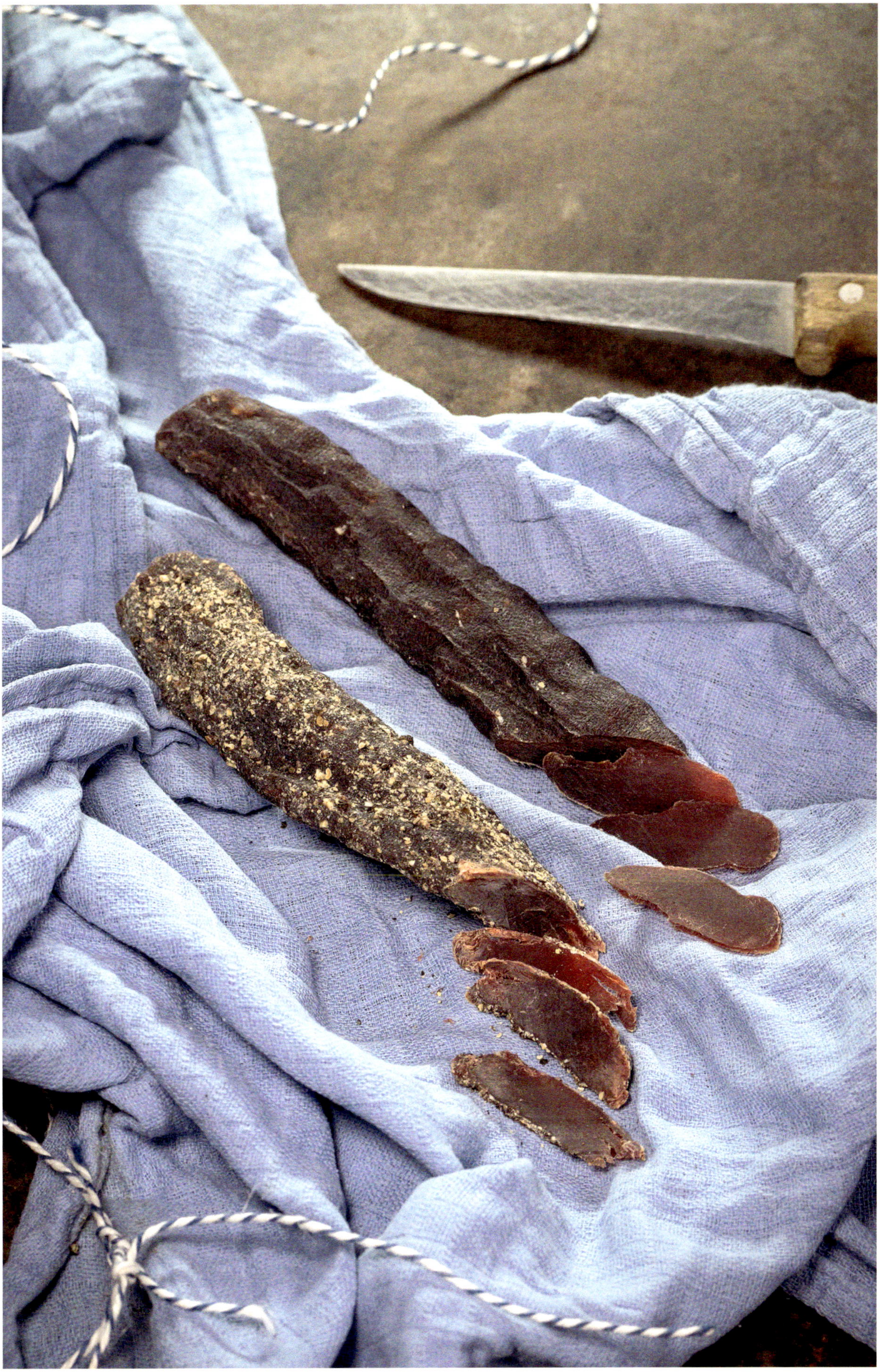

ZUBEREITUNG: 30 MINUTEN · **TROCKENZEIT:** 7–14 TAGE

Deer Jerky

Teilstück: Oberschale
Ergibt ca. 150–200 g

ca. 1 kg Oberschale vom Damspießer, tiefgefroren

50 ml Sojasauce

1 TL flüssiger Honig

2 Knoblauchzehen, geschält und halbiert

2–3 EL Whiskey

1 TL Cayennepfeffer

1 TL Paprikapulver rosenscharf

evtl. gehackte Nüsse, Sesam, …

VARIATION:

Für eine besonders knusprige Variante werden die Fleischstreifen nach dem Marinieren mit einer oder beiden Seiten in gehackte Walnusskerne oder Sesamkörner gedrückt. Sie bleiben auch nach dem Trocknen haften.

TIPP:

Natürlich kann das Fleisch auch in einem Gefäß mariniert werden, allerdings ist dann die doppelte Menge Marinade nötig, da sich die Flüssigkeit am Boden sammelt und schlechter verteilt.

1. Das Fleisch aus dem Gefrierschrank nehmen und nur kurz antauen lassen, dann sauber parieren und noch gefroren mit der Faser in maximal 5 mm dünne Scheiben schneiden – je dünner, desto besser. Sojasauce, Honig, Knoblauch, Whiskey, Paprikapulver und Cayennepfeffer mischen und mit dem Fleisch in einen Gefrierbeutel geben. Die Luft aus dem Beutel drücken, fest verschließen und Kühlschrank für 24 Stunden ziehen lassen. Den Beutel währenddessen gelegentlich wenden und kurz durchkneten.

2. Am nächsten Tag die Marinade vom Fleisch streifen, die Stücke jeweils an einem Ende mit einem Zahnstocher durchbohren und den Holzspieß zwischen den Stäben eines Backrosts befestigen. Die Fleischstreifen sollen frei herunterhängen, ohne sich zu berühren. Den Ofen auf 30 °C Umluft einstellen, den Rost einschieben und einen Löffel in die Ofenklappe stecken, damit die Feuchtigkeit entweichen kann. Nach etwa 8–10 Stunden lässt sich das Fleisch gerade noch biegen, ohne dabei zu brechen – das Jerky ist fertig.

Fleisch zu trocknen war ursprünglich eine wichtige Methode, um es zu konservieren. Salz, Luftzug und Wärme entziehen dem Fleisch Feuchtigkeit, bis kein Schimmel mehr entstehen kann, danach lässt das Fleisch sich auch ungekühlt lagern. Soweit jedenfalls die Theorie – wenn ich Jerky dörre, ist es meistens innerhalb weniger Tage restlos verbraucht. Ich muss mir dann vielleicht dringend Gedanken über Nachschub machen – aber ganz sicher keine über die Haltbarkeit.

ZUBEREITUNG: 30 MINUTEN · **MARINIEREN:** 24 STUNDEN · **TROCKNEN:** 8–10 STUNDEN

ZUBEREITUNG: 1 STUNDE · GAREN: 2 STUNDEN

Rouladen

Teilstück: Unterschale
Für 5–6 Personen

2 Unterschalen, je 700 g, tiefgefroren
2 säuerliche Äpfel (z. B. Boskop)
100 g Walnüsse
2 EL grobkörniger Senf
4 EL flüssiger Honig
Salz
schwarzer Pfeffer aus der Mühle
geschmacksneutrales Öl zum Braten
250 ml nicht zu trockener Rotwein
500 ml Wildbrühe
(siehe Grundrezept S. 61)
1 TL Piment
2 Lorbeerblätter
2–3 EL Mehl

BEILAGEN:
Dazu passen Spätzle und ein knackiger Salat.

1. Die Unterschalen nur kurz antauen lassen, dann die oberflächlichen Sehnen und Häute entfernen und das Fleisch so dünn wie möglich in Scheiben schneiden – eine Unterschale sollte wenigstens vier oder fünf Rouladen ergeben. Das Fleisch anschließend ganz auftauen lassen, zwischen zwei Bögen Backpapier legen und mit einem glatten Fleischklopfer plattieren.

2. Die Äpfel schälen, halbieren, das Kerngehäuse entfernen und die Äpfel ebenfalls in Scheiben von etwa 1 mm Dicke schneiden. Die Walnüsse grob in ungleichmäßig große Stücke brechen.

3. Senf und Honig vermischen und mit Salz und Pfeffer würzen.

4. Das Fleisch mit der Honig-Senf-Mischung bestreichen, mit Apfelscheiben belegen und mit Nüssen bestreuen. Einwickeln und mit je einem Zahnstocher, Küchengarn oder einer Rouladennadel fixieren. Ich verschließe meine Rouladen ehrlich gesagt nicht besonders sorgfältig – fällt hier und da mal ein bisschen Füllung heraus, verbessert das doch nur die Sauce.

5. Die Rouladen in einem ofenfesten Bräter in etwas Öl rundherum scharf anbraten und mit Wein und Brühe ablöschen. Piment und Lorbeerblätter hinzugeben und bei 140 °C (Ober-/Unterhitze) abgedeckt für 2 Stunden im Backofen garen, dabei das Fleisch hin und wieder wenden. Die Rouladen aus der Flüssigkeit nehmen, Piment und Lorbeerblätter entfernen. Mehl und 50 ml Wasser verrühren und die Sauce damit binden. Eventuell noch ein wenig einkochen lassen und mit wenig Salz und fein gemahlenem schwarzem Pfeffer abschmecken.

Rouladen brauchen vor allem viel Zeit, damit das Fleisch so mürbe wird, dass es ohne die haltende Nadel beinahe zerfallen würde. Die altbekannte Füllung aus eingelegter Gurke, Zwiebeln und Speck habe ich durch säuerliche Äpfel, knackige Walnüsse und eine süße Honig-Senf-Mischung ersetzt.

Oberschale mit Austernpilzsauce

Teilstück: Oberschale
Für 4 Personen

Oberschale, ca. 1 kg Fleisch

2 EL Butterschmalz

2 Handvoll Austernseitlinge, in Stücke geschnitten

4 Schalotten, fein gewürfelt

2 EL Butter

400 ml Wildbrühe (siehe Grundrezept S. 61)

300 g Schmand

1–2 TL Senf

Salz

schwarzer Pfeffer aus der Mühle

Saft von 1 Zitrone, nach Geschmack

BEILAGE:

Dazu passt Wildreis.

1. Den Backofen auf 100 °C (Ober-/Unterhitze) vorheizen.
2. Das Fleisch von Fett und Sehnen befreien, bei großer Hitze von beiden Seiten scharf in Butterschmalz anbraten und im Ofen 15 Minuten ziehen lassen, dann ist das Fleisch innen noch rosafarben.
3. Währenddessen die Austernpilze in der gleichen Pfanne ebenfalls scharf anbraten bis sie auf beiden Seiten braun und kross sind, dann die Hitze reduzieren. Die Schalotten und die Butter dazugeben, dünsten, bis sie glasig werden und mit der Brühe ablöschen. Aufkochen lassen und vom Herd nehmen, dann die Sahne hinzugeben und mit Senf, Salz, schwarzem Pfeffer und Zitronensaft leicht sauer abschmecken. Das Fleisch quer zur Faser dünn aufschneiden (es soll innen noch rosa sein) und in die warme Sauce geben.

Austernseitlinge sind für mich die besten Speisepilze, die man im Wald finden kann. Sie wachsen erst im Spätherbst und Winter auf dem Holz kranker oder gefällter Buchen, Weiden und Pappeln und sind kaum zu verwechseln. Das feste Fleisch dieser Pilze schmeckt mir knusprig gebraten sogar so gut, dass die Beilage in diesem Rezept beinahe zur Hauptsache wird – außerdem kann man sie notfalls auch als „Austernpilze" kaufen, wenn sie sich nicht finden lassen.

ZUBEREITUNG: 30 MINUTEN

Nussschnitzel mit Nusspanande

Teilstück: Nuss
Für 4 Personen

FLEISCH:

Nuss vom Damspießer, ca. 1 kg

800 g Kartoffeln (festkochend)

5 EL Rapsöl

1 EL Paprikapulver edelsüß

1 EL Paprikapulver rosenscharf

1 EL Cayennepfeffer

½ TL Salz

ca. 200 g Mehl

2–3 Eier

ca. 150 g Haselnüsse

Butterschmalz

1 Zitrone, in Scheiben

GELEE:

schwarze Holunderbeeren

„Vogelbeeren" (Früchte der Eberesche)

Gelierzucker 3:1

TIPPS:

Verwenden Sie keine gemahlenen Haselnüsse aus der Packung, sondern machen Sie sich die Arbeit, selbst welche zu hacken. Dabei entstehen automatisch verschieden große Splitter – und damit eine viel interessantere Struktur.

Um größere Schnitzel zu erhalten, bietet sich der „Schmetterlingsschnitt" an: eine zunächst etwa fingerdicke Scheibe wird in der Mitte noch einmal eingeschnitten, das Fleisch dabei aber nur beinahe durchtrennt. Die beiden noch verbundenen Hälften lassen sich dann aufklappen, ähnlich wie die beiden Flügel eines Schmetterlings – daher der beinahe poetisch anmutende Fachbegriff.

1. Für das Gelee genaue Mengen anzugeben ist schwierig, weil die Beeren Jahr für Jahr unterschiedlich saftig sind. Ich mische Vogel- zu Holunderbeeren etwa im Verhältnis 1:3. Holunder- und Vogelbeeren mit etwas Wasser in einen großen Topf erhitzen. Das Wasser soll lediglich verhindern, dass die untersten Beeren anbrennen – je weniger Wasser verwendet wird, desto besser. Nach 15 Minuten die aufgeplatzen Beeren durch ein Küchentuch abgießen. Den Saft auffangen und die Beeren im Tuch kräftig ausdrücken. Den aufgefangenen Saft mit Gelierzucker 3:1 nach Packungsanweisung zu Gelee verarbeiten.

2. Die Kartoffeln waschen und mit Schale in Spalten schneiden. Rapsöl, Paprikapulver, Cayennepfeffer und ½ TL Salz in eine ofenfeste Form geben und verrühren. Die Kartoffelspalten hinzugeben, alles vermischen und im Backofen bei 180 °C (Ober-/Unterhitze) für 30 Minuten backen.

3. Die Nuss parieren und quer zur Faser in dünne Scheiben schneiden. Zwischen zwei Bögen Backpapier legen und mit der flachen Seite eines Fleischklopfers „plattieren". Die Fleischstücke in Mehl wenden, dann in verquirltem Ei baden und schließlich durch die gehackten Nüsse ziehen.

4. In einer Pfanne reichlich Butterschmalz erhitzen und die Nussschnitzel darin schwimmend ausbacken. Schnitzel und Kartoffeln mit einigen Löffeln Gelee und je einer Zitronenscheibe anrichten.

Paniertes Schnitzel „Wiener Art" gibt es an jeder Ecke, aber diese wilde Version mit der Nuss des Damspießers ist trotzdem etwas Besonderes. Eine Panade aus Haselnüssen bringt nicht nur reichlich Geschmack, sondern auch besonders knusprigen Biss auf den Teller. Angelehnt an die üblichen Pommes gibt es dazu würzige Ofenkartoffeln und ein fruchtig-herbes Gelee aus Holunder- und Vogelbeeren.

Schwarzer Holunder findet sich an Waldrändern, die in dicken Trauben wachsenden Früchte sind im Spätsommer eine ideale Grundlage für ein fruchtiges Gelee. Ich verfeinere es mit den „Vogelbeeren" der Eberesche. Die meisten Menschen glauben, dass sie giftig wären – das stimmt nicht! Bitter sind sie allerdings, roh schmecken sie nicht besonders gut, aber im Gelee sorgen sie für eine spannende, herbe Note.

ZUBEREITUNG: 45 MINUTEN

ZUBEREITUNG: 75 MINUTEN

Herbstnuss mit Kürbisstampf, Zwetschgen und Pfifferlingen

Teilstück: Nuss
Für 4 Personen

1 Nuss vom Damspießer, ca. 1 kg
1 kleiner Hokkaido
200 g Pfifferlinge
300 g Zwetschgen
1 rote Zwiebel
2 EL Butter zum Dünsten
1 EL Butterschmalz
150 ml Portwein
2–3 EL Butter für den Kürbisstampf
100 ml süße Sahne
1 Prise Zimt
Salz
weißer Pfeffer aus der Mühle
½ TL getr. Estragon

TIPP:

Die Sauce ist recht dünnflüssig, da sie nicht noch einmal reduziert wird. Wer sie lieber etwas sämiger haben möchte, kann Pilze, Zwiebeln und Pflaumen absieben und die die Flüssigkeit vor dem Servieren um die Hälfte einkochen und/oder mit kalter Butter montieren.

1. Den Kürbis schälen und vierteln, dann die Kerne und das weiche Fruchtfleisch im Inneren entfernen. Das feste Fleisch in 5 Millimeter dünne Scheiben schneiden, auf Backpapier auslegen und bei 100 °C (Ober-/Unterhitze) für 30 Minuten im Ofen garen.

2. Währenddessen die Pfifferlinge putzen, die Zwetschgen halbieren und entkernen, die Zwiebeln in feine Ringe schneiden und das Fleisch parieren.

3. Die Butter in einer kleinen Pfanne zerlassen und Zwiebeln und Pfifferlinge bei mittlerer Hitze anbraten. Gleichzeitig in einem ofenfesten Bräter etwas Butterschmalz zerlassen und das Fleisch bei größter Hitze von beiden Seiten scharf anbraten. Mit Portwein ablöschen und Pilze, Zwiebelringe und die entkernten Zwetschgen hinzugeben, dann den Bräter für noch einmal 30 Minuten zu dem Kürbis in den Ofen stellen.

4. Nach insgesamt 60 Minuten Garzeit das Blech mit dem Kürbis aus dem Ofen nehmen und den Kürbis zusammen mit Butter und Sahne mit einer Gabel zerdrücken – wer keine Stückchen im Kürbisstampf möchte, verwendet den Pürierstab. Mit etwas Salz und einem Hauch Zimt abschmecken.

5. Das Fleisch aus der Sauce nehmen und in fingerdicke Scheiben aufschneiden. Die Sauce mit Salz, weißem Pfeffer und Estragon abschmecken und mit Fleisch und Kürbisstampf anrichten.

Eine Jahreszeit auf dem Teller einzufangen, ist ein hoher Anspruch, ihn zu erfüllen gelingt mir leider nicht immer. Diese Kombination aus Pfifferlingen, Kürbis, Zwetschgen und der zweiten Nuss des Damspießers würde ich aber ganz unbescheiden als einen meiner gelungeneren Versuche bezeichnen.

ZUBEREITUNG: 1 STUNDE · SCHMORZEIT: 3 STUNDEN

Osso bucco mit Risotto alla milanese

Teilstück: Hachse
Für 4 Personen

FLEISCH:

2 Hachsen, gefroren

4 EL Mehl zum Wenden

2 EL Butterschmalz

4 Schalotten, in Ringen

2 Knoblauchzehen, fein gewürfelt

2 Chilischoten, entkernt, gewürfelt

3 Karotten, in Scheiben

1 Knolle Fenchel, in dicken Scheiben

2 EL Olivenöl

150 ml trockener Weißwein

500 ml Wildbrühe
(siehe Grundrezept S. 61)

2 Fleischtomaten, gehäutet und entkernt
(alternativ 1 Dose gute Pelati)

2 Zweige Rosmarin

RISOTTO:

3 EL Knochenmark (alternativ Butter)

0,1 g Safran

2 EL Butter

1 Zwiebel, gewürfelt

250 g Risottoreis

4 EL trockener Weißwein

1 l Wildbrühe
(siehe Grundrezept S. 61), heiß

mindestens 50 g Parmesan, gehobelt

Salz

weißer Pfeffer aus der Mühle

ZUM SERVIEREN:

4 EL Petersilie, gehackt

2 EL Thymian, gehackt

1 Knoblauchzehe, zu Paste zerdrückt

abgeriebene Schale von 1 unbehandelten Zitrone

1. Die gefrorenen Hachsen quer in gut 3 cm dicke Scheiben sägen. Auftauen lassen, in Mehl wenden und in einem Bräter in Butterschmalz bei großer Hitze von beiden Seiten scharf anbraten. Das Fleisch beiseite stellen, den Bräter etwas abkühlen lassen.

2. Schalotten, Knoblauch, Chilischoten, Karotten und Fenchel bei mittlerer Hitze in Olivenöl anbraten. Nach einigen Minuten mit Weißwein ablöschen, aufkochen lassen und die Brühe angießen. Abgedeckt für mindestens 3 Stunden bei 120 °C im Backofen schmoren, die Fleischscheiben dabei hin und wieder wenden. 30 Minuten vor Ende der Garzeit die Fleischtomaten und die Rosmarinzweige hinzugeben.

3. Für das Risotto das Knochenmark mit einem Zahnstocher aus der zweiten, fleischlosen Hälfte der Hachse kratzen und zerkleinern. Den Safran mit 5 Esslöffeln warmem Wasser in eine Schüssel geben. Butter in einem Topf zerlassen, das Knochenmark hinzugeben und bei geringer Hitze braten. Die Zwiebelwürfel hinzugeben und dünsten, bis sie glasig werden, dann auch den Reis andünsten und mit Wein ablöschen. Unter stetigem Rühren nach und nach die heiße Brühe zum Reis geben, bis nach 15–20 Minuten die Flüssigkeit vollständig vom Reis aufgenommen wurde. Wenn der Reis gerade noch etwas Biss hat, den Safran mit der Flüssigkeit hinzugeben und zusammen mit dem Parmesan unterrühren. Mit Salz und weißem Pfeffer abschmecken.

4. Petersilie, Thymian, Knoblauch und abgeriebene Zitronenschale vermischen und am Tisch reichlich über Fleisch und Risotto streuen.

Wenn man ganze Hachsen zur Verfügung hat, sind Osso bucco und Risotto alla milanese eine optimale Kombination: Auf der einen Seite des Tellers das saftige Fleisch mit dem markanten Knochenring in der Mitte, einer herrlichen Sauce und etwas geschmortem Gemüse. Auf der anderen Seite ein cremiges Risotto mit kräftigem Parmesan und dem Mark der Knochen – besser und vollständiger kann man dieses Teilstück nicht nutzen.

STOCKENTE

PIRSCH IM SEPTEMBER

134 STOCKENTE

FRESSEN UND GEFRESSEN WERDEN?

Und das kannst du wirklich, ein Tier töten? ... Diesen Satz hört man als Jäger häufiger. Wenn das Ganze als Frage formuliert wird, ist es viel wert. Wenn die Frage dazu noch offen und höflich formuliert wird, noch viel mehr.

Heute Abend wird ein von mir getötetes Tier in der Pfanne landen: Eine Stockente. In einem ruhigen Eck des kleinen Stausees mitten im Revier sitzen fast immer ein paar Enten, sie scheinen sich dort wohl zu fühlen. Ein bisschen Schilf, da können sie sich verstecken, außerdem ist das Wasser flach und perfekt zum Gründeln. Eine von ihnen habe ich geschossen und Akira hat mir den Vogel aus dem Wasser gebracht. Während ich sie dafür lobe, perlt von dessen Gefieder noch das Wasser ab.

Der Körper der Ente liegt schlaff in meiner Hand. Sie tut mir ein bisschen leid, trotzdem freue ich mich gleichzeitig über meine Beute. Und trotzdem habe ich nicht gezögert, als ich eben den Abzug gedrückt habe. Natürlich nicht – ich bin ja zum See gekommen, weil ich eine Ente erlegen wollte. Außerdem war in dem kurzen Moment, der blieb, bis die Vögel außer Reichweite gewesen wären, zum Grübeln oder für grundsätzliche Fragen ohnehin keine Zeit. Meine Entscheidung, eine Ente zu erlegen, war bereits gefallen, bevor ich geschossen habe. Aber wann?

Als ich zwei Patronen in die beiden Läufe der Flinte gesteckt habe, stand der Entschluss jedenfalls fest. Da habe ich nur überlegt, auf welchem Weg ich diese Stelle am besten unbemerkt erreiche.

Auch als ich zu Hause entschieden habe, welche Ausrüstung ich brauche und welche Jacke ich anziehe, standen rein praktische Erwägungen im Vordergrund: Für Enten nehme ich die Flinte und die dicken Schrotpatronen aus dem Schrank, nicht wie sonst fast immer die Büchse. Außerdem trage ich Kleidung mit einem aufgedruckten Muster aus Schilf, Blättern und Ästen. Wie viele andere Vogelarten können Enten gut sehen, ein bisschen Tarnung schadet da nicht. Eine bewusste Überlegung, aber die eigentliche Frage war auch zu diesem Zeitpunkt schon beantwortet.

Sogar als ich mir vor ein paar Tagen vorgenommen hatte, es mal wieder mit den Enten zu versuchen, war es nur darum gegangen, wann es zeitlich passt. Jetzt Ende September wird es schon um kurz nach sieben dunkel. Wenn ich zu spät aufbreche, kann ich gleich zu Hause bleiben.

Wann letzten Endes die Entscheidung gefallen ist, die Ente zu erlegen, kann ich nicht sagen. Der Gedanke ist einfach aufgetaucht. Letztes Jahr hatte ich auch ein paar Enten nach Hause gebracht, über die Hundegruppe hatten sich gemeinsame Jagden ergeben. Schon als wir dann die letzten auftauten und aßen, überlegte ich, wann wir wohl wieder welche bekommen könnten. Im Frühjahr und Sommer dürfen keine Enten erlegt werden. Sie brüten und ziehen Jungvögel auf und haben deshalb keine Jagdzeit. Und im Spätsommer wechseln die Enten ihr Gefieder und können kaum fliegen – es wäre unfair, sie zu dieser Zeit zu bejagen.

Jetzt haben wir Ende September und schon seit ein paar Wochen dürfen Enten geschossen werden. Tief geduckt hinter der Staumauer habe ich mich angeschlichen, die Böschung entlang. Die Enten haben mich schnell bemerkt. Als sie mich wahrgenommen haben, sind sie sofort aufgeflogen. Allerdings einen Augenblick zu spät – ich hatte die Flinte schon entsichert und an die Schulter gehoben. Auf fliegendes

Wild zu schießen ist nicht einfach, aber machbar. Will man einen Vogel in der Bewegung treffen, zielt man ein gutes Stück vor die Ente. Stimmt die Entfernung, kreuzen sich die Flugbahnen von Schrotkugeln und Vogel im richtigen Augenblick. Um den Zielpunkt richtig zu schätzen, braucht es Übung auf dem Schießstand und vor allem Konzentration. Heute hat es geklappt, mal sehen, was die nächsten Tage bringen.

Die Geschichte der Erlegung könnte ich an dieser Stelle sicherlich spannender erzählen. Eine aufregende Pirsch, ein großes Erlebnis, zusammen mit meinem Hund und gekrönt von der erhofften Beute ... Oder ich könnte mit viel Pathos auf die Begrenztheit aller Ressourcen und die bestehende Konkurrenz aller Lebensformen untereinander eingehen, dabei auch die Endlichkeit des Lebens an sich erwähnen – und anschließend über komplizierte Umwege herausarbeiten, warum es für mich unter bestimmten Umständen in Ordnung ist, freilebende Enten zu töten.

Manchmal ist es aber tatsächlich viel einfacher: Ich möchte Enten essen, dafür muss ich sie erlegen. Ich warte auf den Beginn der Jagdzeit, dann braucht es ein bisschen Glück, Wissen über das Verhalten der Vögel, Flinte und Hund. Fressen und gefressen werden.

Zu behaupten, dass ich heute jedes Mal wenn ich mein Gewehr aus dem Schrank nehme, grundsätzlich über die Berechtigung der Jagd nachdenken würde, wäre übertrieben und unehrlich. Außerdem würde es im entscheidenden Moment an Konzentration fehlen, wenn ich noch während des Schusses unsicher wäre. Im schlimmsten Fall könnte ich vor Aufregung sogar nicht richtig zielen.

Das klingt eigennützig und kaltblütig, zugegeben, und es ist sicher nicht die Antwort, die auf Fragen wie „Und das kannst du wirklich, ein Tier töten?" erwartet wird.

Es ist auch nur ein Teil der Wahrheit: Ich habe damals lange überlegt, ob ich Jäger werden möchte und war mir alles andere als sicher, ob ich tatsächlich auf ein Tier schießen könnte. Auch nach einigen Jahren Jagd versuche ich, regelmäßig zu reflektieren, was ich da eigentlich mache und kritischen Fragen Raum zu geben, sowohl im Gespräch als auch in meinen Gedanken. Eine der Grenzen, die ich mir heute setze, ist, dass ich keine Tiere töten möchte, um das Fleisch hinterher zu verkaufen.

Ich kann Tiere töten, und ich darf es, weil ich es gelernt habe. Ich habe dafür einen Kurs besucht, eine Prüfung absolviert, und danach habe ich einen Jagdschein ausgestellt bekommen. Der Entschluss zu diesem Schritt war vielleicht die eigentliche Entscheidung. Er hat damals seine Zeit gebraucht. Ich habe ihn mir nicht einfach gemacht, und versuche mir dieses Gefühl und die Zweifel bewusst zu erhalten. Im Alltag entscheide ich trotzdem manchmal mit fast der gleichen Selbstverständlichkeit, eine Ente zu erlegen, mit der andere ein Stück Fleisch im Supermarkt kaufen.

FAKTEN
STOCKENTE

Stockenten hat wohl wirklich jeder schon einmal gesehen: Die Vögel schwimmen in jedem Stadtpark auf dem Teich herum und warten darauf, dass Rentner und Kinder mit einer raschelnden Tüte auftauchen und ihnen altes Brot zuwerfen. Die Männchen haben im Prachtgefieder einen wunderschön grün-blau schimmernden Kopf und elegante schwarz-grau-weiße Federn, die Weibchen sind einheitlich braun gefleckt und ab dem Frühjahr folgen die flauschigen Küken wie von einer unsichtbaren Schur gezogen ihren Müttern durchs Wasser.

Allerdings gibt es auch Enten, die sich statt für den Stadtpark für ein wilderes Leben entscheiden. Gerade wenn im Herbst und Winter auch Vögel aus nördlichen Gegenden nach Deutschland ziehen, leben Enten an fast allen Seen, Fischteichen und langsam fließenden Flüssen und Bächen. Nicht alle Entenarten dürfen bejagt werden, und insgesamt sinkt die Zahl der erlegten Vögel, aber Stockenten gehören zu den häufigsten und am häufigsten erlegten Flugwildarten.

Wenn Enten bejagt werden sollen, ist es vorgeschrieben, dass ein ausgebildeter und geprüfter Jagdhund dabei sein muss. Das alte Sprichwort „Jagd ohne Hund ist Schund" gilt bei der Entenjagd ganz besonders, denn die Beute soll im dichten Schilfgürtel gefunden und auch im Spätherbst zuverlässig aus dem kalten Wasser apportiert werden. Die als Familienhunde beliebten Retriever wurden ursprünglich sogar ausschließlich für diese Aufgabe gezüchtet.

Bei Enten sitzt wie bei den meisten Vögeln der Löwenanteil des Fleischs an der Brust, da zum Fliegen kräftige Muskeln benötigt werden. Auch die Schenkel können verwertet werden, die Flügel und der Rückenbereich bestehen aber hauptsächlich aus Knochen und Sehnen.

Ausgenommen und gerupft haben meine Enten im Ganzen weniger als ein Kilo gewogen, und die beiden ausgelösten Bruststücke einer Ente haben zusammen nur etwa 300 Gramm auf die Waage gebracht.

ZUBEREITUNG: 20 MINUTEN · **BEIZEN:** 2 TAGE

Feldsalat mit gebeizter Entenbrust und Orangenfilets

Teilstück: Brust
Für 2 Personen

FLEISCH:

2 ausgelöste Bruststücke einer Stockente, insgesamt ca. 300 g

1 TL Pfefferkörner

¼ TL Korianderkörner

2 EL Pökelsalz

SALAT:

50 g Feldsalat

½ Radicchio

1 TL weißer Balsamicoessig

1 EL Öl

Salz

schwarzer Pfeffer aus der Mühle

½ Orange

1. Pfeffer und Koriander mörsern und das Pökelsalz hinzugeben. Die ausgelösten Bruststücke in der Gewürzmischung wenden und sie in einen Vakuumbeutel verpacken, ohne sie vorher abzuklopfen. Alternativ mehrfach eng mit Frischhaltefolie umwickeln. 2 Tage in den Kühlschrank legen.

2. Die Entenbrust auspacken und gründlich unter fließendem Wasser abspülen. Trocken tupfen und quer zur Faser in möglichst dünne Streifen schneiden.

3. Den Salat waschen, trocken schütteln und aus Essig, Öl, Salz und Pfeffer eine einfache Sauce herstellen. Die Orange schälen und die Haut von den einzelnen Filets abziehen. Das Fruchtfleisch in Stückchen zupfen und mit den Entenbruststreifen unter den Salat mischen.

Die gebeizte Entenbrust in diesem Rezept ist eigentlich auf dem besten Weg, um ein Schinken zu werden – statt aber noch ein paar Tage im Rauch zu hängen, nimmt sie eine Abkürzung direkt auf den Teller. Das Fleisch ist deshalb noch besonders weich und saftig, und ohne das kräftige Raucharoma kommt der Eigengeschmack gut zur Geltung.

Gebratene Nudeln mit Entenbrust

Teilstück: Brust
Für 2 Personen

2 ausgelöste Bruststücke einer Stockente, insgesamt ca. 300 g

2 Eier

50 ml Milch

neutrales Öl zum Braten

125 g Mie-Nudeln

Austernseitlinge, in Stücken

1–2 Karotten, in feinen Streifen

1 Knoblauchzehe, sehr fein gewürfelt

1 EL Ingwer, sehr fein gewürfelt

1 Chilischote, in Ringen

2–3 Frühlingszwiebeln, in Ringen

1 EL Sojasauce

½ TL Fischsauce

einige Zweige frischer Koriander

1. Die Eier mit der Milch verrühren, etwas Öl in einer Pfanne erhitzen, ein dünnes Omelett braten und beiseite stellen. Den Backofen auf 80 °C (Ober-/Unterhitze) vorheizen. Das Fleisch in der Pfanne bei großer Hitze von beiden Seiten anbraten, dann herausnehmen und etwa 15 Minuten im Ofen ziehen lassen.

2. Die Nudeln zum Einweichen in heißes Wasser geben.

3. In die Pfanne, in der die Entenbrust gebraten wurde, noch etwas Öl geben und die Austernseitlinge darin bei mittlerer Hitze braten, bis sie Farbe nehmen. Karottenstreifen, Knoblauch- und Ingwerwürfel sowie Chiliringe zu den Pilzen geben und bei mittlerer Hitze einige Minuten mitbraten. Die Frühlingszwiebelringe ebenfalls hinzugeben.

4. Die Nudeln abgießen, trocken schütteln und zu dem Gemüse in die Pfanne geben und unter Rühren braten. Mit Sojasauce würzen, den Bratensatz lösen, bevor die Flüssigkeit verdampft ist, und alles mit Fischsauce abschmecken. Das Omelette in Streifen schneiden, unter die Nudeln mischen und das Ganze auf zwei Teller verteilen. Das Entenfleisch aus dem Ofen nehmen, quer zur Faser in dünne Scheiben schneiden und auf den Nudeln anrichten. Zuletzt mit frischen Korianderblättchen bestreuen.

Auch wenn dieses Rezept an den Imbiss-Klassiker „Gebratene Nudeln mit Ente" angelehnt ist, ist es das genaue Gegenteil von Fast Food: Selbst gesammelte Pilze und selbst erlegte Ente, mit ordentlich Liebe zubereitet und individuell abgeschmeckt – langsamer und bewusster geht es wohl kaum.

ZUBEREITUNG: 30 MINUTEN

Enten-Tortellini in Salbeibutter

Teilstücke: Brust und Keule
Für 2–3 Personen

NUDELTEIG:

200 g Mehl Tipo 00/„Pizzamehl"
200 g Hartweizengrieß
4 Eier

FÜLLUNG:

2 Entenbrüste
4 Entenkeulen
100 g Ricotta
1 Knoblauchzehe, geschält
Salz
schwarzer Pfeffer aus der Mühle

SALBEIBUTTER:

5 EL Butter
3 EL Olivenöl
mindestens 20 Salbeiblätter

ZUM SERVIEREN:

schwarzer Pfeffer aus der Mühle
100 g Parmesan, in feine Stücke gebrochen

1. Für den Nudelteig Mehl und Grieß sieben und vermischen. Auf eine Arbeitsfläche geben, eine Mulde in die Mitte drücken und die Eier hineinschlagen. Vom Rand nach und nach die Mehl-Grieß-Mischung untermischen, es entsteht ein zunächst noch krümeliger Teig. Von Hand mindestens 10 Minuten kräftig kneten, bis er ganz glatt ist. Bleibt der Teig auch nach langem Kneten rissig, 1–2 Teelöffel lauwarmes Wasser hinzugeben und gründlich verkneten.

2. Den Teig in vier Kugeln teilen, luftdicht verpacken und mindestens 30 Minuten kalt stellen.

3. Währenddessen das Fleisch der Keulen vom Knochen lösen, zusammen mit den ausgelösten Entenbrüsten in Würfel schneiden und zusammen mit Ricotta, Knoblauch, Salz, Pfeffer mit dem Pürierstab zu einer glatten Farce verarbeiten.

4. Etwas Mehl auf die Arbeitsfläche geben und die erste Teigkugel vorsichtig etwa 1 mm dünn ausrollen. Rechtecke von 10 x 5 cm ausschneiden. In die Mitte einer Hälfte des Rechtecks 1 Teelöffel Farce geben und den Teig rundherum mit Wasser einstreichen, dann die andere Hälfte darüber falten und um die Füllung herum fest andrücken. Wenn alle Ravioli auf diese Weise gefüllt sind, in einem großen Topf reichlich Salzwasser zum Kochen bringen und die Nudeln 3 Minuten gar kochen.

5. Währenddessen in einem zweiten Topf Butter und Olivenöl bei mittlerer Hitze zerlassen, die Salbeiblätter darin einige Sekunden knusprig ausbraten, ohne dass sie verbrennen und beiseite stellen.

6. Die Ravioli abgießen, in der Salbeibutter schwenken, und sofort auf die Teller verteilen. Die Salbeiblätter hinzugeben und am Tisch mit schwarzem Pfeffer und fein gebrochenem Parmesan individuell würzen.

Wenn ich Fleisch verarbeite, soll es im fertigen Gericht unbedingt auch eine tragende Rolle spielen. Das Lebensmittel ist für mich zu wertvoll, um es nur als eine Zutat unter vielen unterzumischen. Tortellini sind da schon ein Grenzfall – schnell geht der Geschmack der Füllung unter. Ich verzichte deshalb bei diesen Ententortellini auf eine Sauce, nur ein bisschen Salbeibutter und Parmesan dürfen Teig und Vogel ergänzen.

ZUBEREITUNG: 60 MINUTEN

ZUBEREITUNG: 75 MINUTEN

Enten mit Cognacbutter

Teilstück: ganze Ente
Für 4 Personen

COGNACBUTTER:

2 Schalotten

2 Knoblauchzehen

100 g Butter

40 ml Cognac

FLEISCH:

2 Enten

1 Zwiebel

3 Stangen Sellerie

2 Karotten

Öl zum Braten

200 ml Wildbrühe
(siehe Grundrezept S. 61)

200 ml Weißwein (nicht zu trocken)

Salz

schwarzer Pfeffer aus der Mühle

einige Zweige frischer Rosmarin

½ Bund Petersilie

Salz

1 Brokkoli

1 süßlicher Apfel

1 Tasse (250 ml) Gerstengraupen

3 Tassen (à 250 ml) Wildbrühe
(siehe Grundrezept S. 61)

1. Die Enten von der Brust ausgehend gründlich rupfen und ausnehmen. Um auch feinste Daunen zu entfernen, können die Vögel wenn nötig noch mit einem Flambierbrenner abgeflämmt werden.

2. Schalotten und Knoblauch schälen, in feine Würfel schneiden und in Butter bei geringer Hitze dünsten, bis sie glasig werden. Den Cognac hinzugeben, den Alkohol verdampfen lassen und die Pfanne vom Herd nehmen.

3. Zwiebel und Staudensellerie in Ringe schneiden, Karotten schälen und in dünne Streifen schneiden. Alles in einem großen Bräter in Öl dünsten, nach einigen Minuten mit der Brühe und dem Weißwein ablöschen und mit Salz und Pfeffer würzen.

4. Den Backofen auf 180° (Ober-/Unterhitze) vorheizen. Rosmarinnadeln abzupfen, zusammen mit der Petersilie hacken. Die Enten mit den Kräutern füllen und zunächst mit der Brust nach unten in das Gemüsebett legen. Die Enten mit etwa der Hälfte der Cognacbutter bestreichen, salzen und für 20 Minuten in den vorheizten Ofen stellen.

5. Währenddessen Brokkoli in feine Röschen teilen, den Stiel in Scheiben schneiden und den Apfel würfeln. Nach 20 Minuten die Enten wenden, Brokkoli und Apfelstücke hinzugeben. Auch die Brust der Enten mit der restlichen Cognacbutter bestreichen, noch einmal kräftig salzen und für 15 Minuten zurück in den Ofen stellen.

6. Graupen und Brühe in einem Topf aufkochen, salzen und bei geringster Hitze ziehen lassen. Nach einer weiteren Viertelstunde im Backofen ist das Fleisch gar und die Graupen sind weich.

Eine Ente zu rupfen, ist viel Arbeit. Der Großteil des Fleischs sitzt an der Brust und lässt sich auch ohne diesen Aufwand auslösen – und trotzdem lohnt es sich, die Mühe wenigstens für dieses Rezept auf sich zu nehmen: Nur so kann das Gemüse den Geschmack aufnehmen, wenn er langsam aus Haut, Fett und Knochen in die Sauce übergeht.

FELDHASE

~~TREIBJAGD~~ IM OKTOBER

SELTENE BEUTE

Von allen Tieren, die ich für die Rezepte in diesem Buch verarbeitet habe, war der Hase mit Abstand am schwierigsten zu erlegen. Das liegt nicht daran, dass die Tiere besonders scheu oder unglaublich schlau wären. Wildschweine gelten als weitaus intelligenter und sind wirklich nicht einfach zu bejagen – Hasen haben unter Jägern eher den Ruf, ein bisschen unbedarft zu sein. Trotzdem war das Schwein für mich deutlich leichter zu bekommen.

Früher waren Hasen eine ausgesprochen häufige Beute. Sogar das einfache Volk durfte den Tieren nachstellen, während die Jagd auf große und repräsentative Arten wie Wildschweine, Auerhähne und Rotwild ausschließlich dem Adel vorbehalten war. Historisch betrachtet gehören Hasen damit zum bodenständigeren „Niederwild" und alte Wildkochbücher listen seitenweise interessante Rezepte auf, für Hasenpfeffer oder gespickten Hasenrücken in Rotweinsauce.

Die klassische Methode den Feldhasen nachzustellen, ist die Treibjagd im Herbst. Die Felder sind abgeerntet und Jäger und Treiber gehen in einer langen Kette durch die kahle Landschaft. Jagdhunde suchen nach den auf ihre Tarnung vertrauenden Hasen und zeigen sie durch plötzliches, bewegungsloses „Vorstehen" an.

Selbst kenne ich das allerdings nur aus Büchern und Erzählungen. Wie eine Treibjagd auf Feldhasen in der Praxis abläuft, weiß ich ehrlich gesagt nicht. Ich war noch nie dabei, genau wie ein großer Teil der Jägerinnen und Jäger meiner Generation.

Treibjagden werden nur noch in einigen Regionen abgehalten, nur in einzelnen Revieren und mit handverlesenen Jägerinnen und Jägern. Die Zahl der Feldhasen nimmt stetig ab, und das sogar unter den Augen einer verhältnismäßig breiten Öffentlichkeit für ein Artenschutzthema. Pünktlich zu Ostern tauchen auch außerhalb der Fachpresse Artikel und Beiträge über Feldhasen auf, ein starker Rückgang der Population wird dabei fast immer erwähnt.

Auch die Landschaft in der die beschriebenen Treibjagden stattgefunden haben, habe ich nicht mehr kennengelernt. Ursprünglich waren Feldhasen in Steppenregionen beheimatet. In der menschengemachten Kulturlandschaft leben die Tiere ebenfalls auf Freiflächen, auf den Feldern und Weiden, nur selten sieht man sie auch im Wald.

Bis in die erste Hälfte des 20. Jahrhunderts kam die Bewirtschaftung den Bedürfnissen der Hasen entgegen. Die Felder waren damals klein und unregelmäßig geformt, und häufig trennten Randstreifen und Hecken die Grundstücke. Am Rand der gelegentlich über die Ufer tretenden Bäche wuchsen lichte Auwälder. Außerdem wurden die Flächen mit einfachen Mitteln bewirtschaftet – viele Arbeitsschritte verrichtete man mühsam von Hand. Ein Landwirt konnte um das Jahr 1900 im Durchschnitt gerade mal vier Menschen ernähren.

Der Einsatz moderner Technik in der Landwirtschaft änderte alles. Flurbereinigung und Kollektivierung brachten in den 60er und 70er Jahren des letzten Jahrhunderts eine neue, maschinengerechte Ordnung in die Feldflur: rechtwinklige Äcker, kanalisierte Entwässerungsgräben und befahrbare, asphaltierte Wege. Ackerrandstreifen und Hecken verschwanden weitgehend. Traktoren und Mähdrescher bearbeiten die riesigen Felder heute unglaublich effizient, mittlerweile kann ein einziger Landwirt mit ihrer Hilfe genug Nahrung für 135 Menschen erzeugen. Für uns bedeutet die intensivere Bewirtschaftung deutlich weniger harte, körperliche Arbeit – für die Feldhasen weniger gut bewohnbaren Lebensraum und damit verbunden einen enormen Rückgang der Population.

Eine besonders umstrittene Rolle für den Hasenbesatz spielt die Jagd. Dabei wird nicht in erster Linie diskutiert, ob und in welcher Anzahl Hasen geschossen werden sollen, sondern wie stark Raubtiere und -vögel bejagt werden sollen. Junge Hasen sind eine leichte Beute für Fuchs oder Habicht und nur ein Teil der Jungtiere übersteht die ersten Lebenswochen. Werden diese Fressfeinde reduziert, steigt die Wahrscheinlichkeit, dass die Jungen überleben – sind sie hingegen zahlreicher, werden sie wohl auch mehr Hasen finden und fressen. Trotzdem haben sich Räuber und Beute immer so weit arrangiert, dass beide Seiten überleben konnten. Klar ist: Hasen und ihre Fressfeinde haben sich gemeinsam entwickelt und Jahrtausende lang parallel existiert.

Allerdings gab es auch in dieser Hinsicht in letzter Zeit einige Rückschläge für die Hasen: In der ausgeräumten Landschaft bleiben kaum Versteckmöglichkeiten, und die wenigen vorhandenen Hecken ziehen natürlich auch die Räuber an. Außerdem hat der Mensch durch flächig ausgebrachte Impfköder die Tollwut in Deutschland ausgerottet, eigentlich ein großer Erfolg – allerdings hatte diese Krankheit in der Vergangenheit auch den Fuchsbestand reduziert. Zusätzlich wurden weitere Raubtiere wie Waschbär oder Mink vom Menschen eingeschleppt, beide Arten konnten sich etablieren und ausbreiten.

Erst wurde also eine unnatürliche, aber hasengerechte Umgebung geschaffen und bewirtschaftet, dann wurde die Landschaft erneut umstrukturiert und die Besätze gingen zurück. Möchte man wieder mehr Hasen sehen (oder essen), wäre eine Rückentwicklung nötig, oder die Neuanlage von geeigneten Habitaten. Außerdem könnte es helfen, die Fressfeinde der Hasen zu reduzieren.

Das ganze Dilemma des menschlichen Einflusses in der Kulturlandschaft wird hier greifbar, und es betrifft natürlich nicht nur den Hasen. Das Bienensterben und allgemein der Schwund bei den Insekten werden breit diskutiert. Feldlerche und Feldhamster tragen ihren bevorzugten Lebensraum sogar im Namen, auch ihre Anzahl ist in den letzten Jahren stark zurückgegangen. Das Rebhuhn hat den Wandel noch schlechter verkraftet als der Hase. Wird die Nutzung der Flächen umstrukturiert, verändert sich ein komplexes Ökosystem. Insgesamt hat die Artenvielfalt in der strukturarmen Landschaft stark abgenommen, der Hase ist nur ein Beispiel von vielen.

Trotzdem bleiben Regionen mit stabilen Hasenbesätzen. Hasen sind seltener geworden, doch sie sind nicht vom Aussterben bedroht. Dort, wo die Landschaft noch einen passenden Lebensraum bietet, fühlen die Tiere sich nach wie vor wohl. Und vor allem im frühen Frühjahr, zur „Hasenhochzeit", ist es nicht ungewöhnlich, Hasen beobachten zu können.

Auch im Herbst läuft mir hin und wieder ein Hase über den Weg, dann haben die Tiere Jagdzeit. Oft hoppeln sie kurz nach Sonnenaufgang die Wege entlang, um ihr Fell vom Tau der Nacht zu trocknen. Normalerweise drücke ich dann nicht ab. Die Gegenden, in denen ich bisher gewohnt und gejagt habe, gehören zu denen, in denen Hasen selten geworden sind. Würde dort einer fehlen, hätte ich ein schlechtes Gewissen.

Damit sind wir bei meinem Problem vom Anfang. Ich wollte unbedingt einen Hasen für dieses Buch verarbeiten: Zum einen sind Hasen eine der bekanntesten heimischen Wildarten, ein paar Hasenrezepte gehören einfach in einen solchen Band.

Vor allem aber wollte ich einen Hasen in dieses Buch aufnehmen, weil es mir wichtig ist, darin über die Schwierigkeiten zu schreiben, mit denen Hasen und viele andere Arten in unserer Kulturlandschaft konfrontiert sind. Noch können Hasen erlegt und gegessen werden, aber das ist nicht selbstverständlich. Einseitige Schuldzuweisungen helfen dabei nicht weiter: Eine hasen- und allgemein wildtierfreundlichere Landschaft zu schaffen, ist eine Aufgabe für die gesamte Gesellschaft.

Lange habe ich nach einer Möglichkeit gesucht, um für die folgenden Rezepte einen Hasen jagen zu können. Fündig wurde ich schließlich bei einem guten Freund im fränkischen Jura, in dessen Revier ich schon bei einem Besuch im Mai regelmäßig gleich mehrere Hasen beobachtet und fotografiert hatte. Treibjagden finden dort nicht mehr statt, aber Ende Oktober konnte ich bei ihm auf den Hochsitz. Geschossen habe ich mit gutem Gewissen: Die Gegend steht als Naturpark unter Schutz und bei der Bewirtschaftung der Region spielen an die traditionelle Wanderschäferei angelehnte Maßnahmen eine wichtige Rolle. Es gibt dort noch selten gewordenen Magerrasen, reichlich kleine Feldgehölze aus Wacholder oder Schwarzdorn und verhältnismäßig viele Feldhasen.

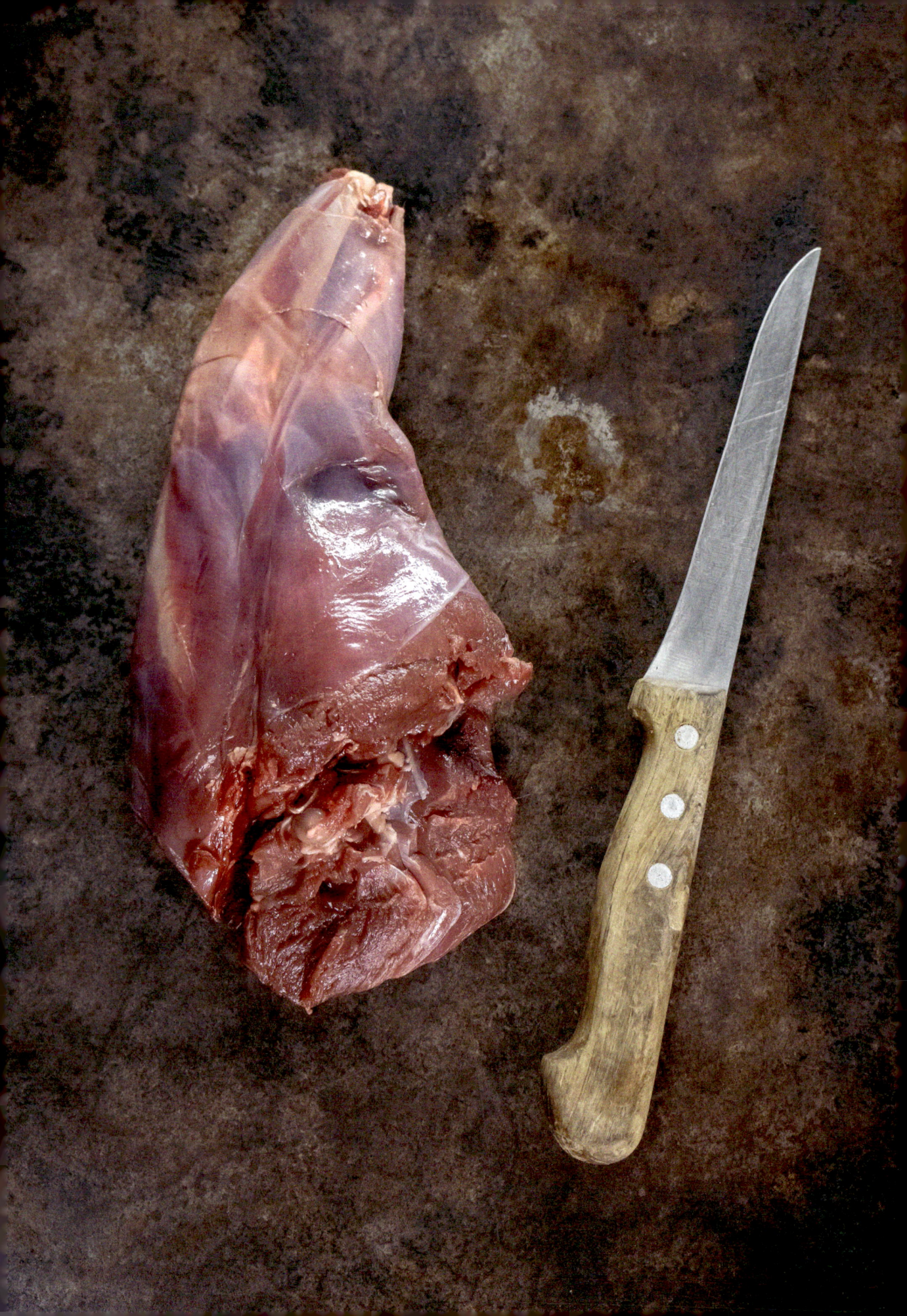

FAKTEN
FELDHASE

Bis etwa zum Ende der 1970er-Jahre wurden im Durchschnitt jährlich mehr als eine Million Hasen in Deutschland erlegt, danach sind die Zahlen stetig gesunken. Im Jagdjahr 2018/19 waren es laut Deutschem Jagdverband nur noch knapp 200.000 Tiere – Verkehrsopfer sind in dieser Statistik bereits enthalten. Weltweit betrachtet muss der Hase zum Glück bisher allerdings trotzdem nicht als bedroht gelten.

Hasen sind Einzelgänger und vor allem nachts und in der Dämmerung aktiv, den Tag verbringen die Tiere in einer flachen Mulde, ihrer „Sasse". Eine tiefe Erdhöhle wie Kaninchen graben Hasen nicht. Beobachten lassen sie sich besonders gut zur „Hasenhochzeit" im März und April. Häsin, Hase und eventuelle Konkurrenten liefern sich dann spannende Verfolgungsjagden und spektakuläre Kämpfe! Es scheint naheliegend, dass die plötzliche Sichtbarkeit der sonst eher versteckt lebenden Tiere zu dieser Jahreszeit auch dazu beigetragen haben könnte, dass der Hase zum Symboltier für das Osterfest geworden ist.

Doch auch vor und nach diesem Höhepunkt paaren die Hasen sich, jedes Weibchen bekommt im Jahr drei oder vier Würfe mit jeweils bis zu sechs Jungtieren. Etwa von Februar bis Oktober können die winzigen Junghasen in den Wiesen sitzen, scheinbar verlassen und ohne Muttertier – sie sollten keinesfalls berührt oder in guter Absicht mitgenommen werden! In aller Regel weiß die Häsin sehr genau, wo ihr Nachwuchs auf sie wartet und kommt zum Säugen vorbei, wenn keine Störung droht.

Eine interessante Besonderheit bei Feldhasen ist die Möglichkeit einer „Superfötation": Bereits trächtige Häsinnen können schon vor der Geburt der Jungtiere noch ein zweites Mal befruchtet werden.

Mein Hase hatte ein Gewicht von vier Kilo, ausgenommen und noch mit Fell und Knochen. Leider konnten durch den Schuss beide Schultern nicht mehr verwertet werden, es blieben mir aber der wertvolle Rücken, die Filets und die beiden Keulen mit dem Hauptteil des Fleischs.

ZUBEREITUNG: 20 MINUTEN

Hasenrücken und Frühlingskräuter

Teilstück: Rücken
Für 2 Personen

1 Rücken vom Feldhasen, ausgelöst ca. 600 g

Butterschmalz zum Braten

ca. 5 Bärlauchblätter

4 EL Butter

4 EL Semmelbrösel

2 Handvoll Frühlingskräuter (z. B. junge Löwenzahnblätter, junge Kerbelblätter, Sauerklee, Brennessel, Sauerampfer, Waldmeister)

2 EL Weißweinessig

1 EL Walnussöl

Salz

Pfeffer aus der Mühle

1. Die Bärlauchblätter so fein wie möglich schneiden und mit Butter und Semmelbröseln vermengen. Den Backofen auf 200 °C (Ober-/Unterhitze) vorheizen.

2. Das Fleisch vom Knochen lösen und die aufliegende Silberhaut mit einem scharfen Messer entfernen. Butterschmalz zerlassen, das Fleisch von einer Seite bei größtmöglicher Hitze kurz und scharf anbraten und aus der Pfanne nehmen.

3. Die noch rohe Seite mit der Bärlauchpaste bestreichen und beide Rückenstränge für etwa 6–8 Minuten in den vorgeheizten Ofen stellen, bis die Butter geschmolzen ist und die Kruste beginnt, dunkler zu werden.

4. Währenddessen die gesammelten Wildkräuter gründlich waschen, eine Sauce aus Essig, Öl, Salz und Pfeffer anrühren, sparsam über die Kräuter geben und das Fleisch darauf anrichten.

Die beiden Rückenstränge des Feldhasen mussten den ganzen Winter im Gefrierschrank verbringen. Ich wollte dem Fleisch unbedingt eine Haube aus Wildkräutern aufsetzen: Bärlauch, Kerbel, Löwenzahn und Sauerklee – die ersten Frühlingskräuter müssen doch einfach zu Hasenfleisch passen? Ein schon beinahe unheimlich zeitiger Frühlingsbeginn im Februar hat dann dafür gesorgt, dass meine Geduld nicht allzu sehr auf die Probe gestellt wurde.

ZUBEREITUNG TATAR: 10 MINUTEN · HOLUNDERKAPERN: 15 MINUTEN · REIFEZEIT HOLUNDERKAPERN: EINIGE WOCHEN

Hasentatar mit Holunderkapern

Teilstück: Filets
Für 2–4 Personen

HOLUNDERKAPERN:

500 g grüne Holunderbeeren
5 EL Salz
100 ml Wasser
100 ml Weißwein
500 ml guter Weißweinessig
1 EL Salz
1 EL Zucker
3 Stängel Thymian
3 Stängel Rosmarin
3 Lorbeerblätter

HASENTARTAR:

2 Filets vom Feldhasen, insg. ca. 100 g
½ Schalotte
1 Ei
Salz
Pfeffer aus der Mühle
etwas Cognac

ZUM SERVIEREN:

2 Scheiben Mischbrot
einige Blätter Zitronenmelisse

1. Anfang August die schon prallen, aber noch grünen Holunderbeeren sammeln und vorsichtig von den Stängeln streifen. Auf je 100 g Beeren 1 EL Salz geben und einige Tage im Kühlschrank ziehen lassen, dann gründlich abwaschen.

2. Wasser, Wein und Essig aufkochen, Salz, Zucker, Thymian, Rosmarin und Lorbeer hinzugeben. Auch die Beeren für 2 Minuten in der Lake kochen, dann die Kräuter entfernen, die Beeren auf saubere Schraubgläser verteilen und mit der Lake auffüllen, bis alle Beeren bedeckt sind. Sofort zuschrauben und wenigstens 2–3 Wochen im kühlen Keller oder Kühlschrank ziehen lassen.

3. Das Fleisch von Fett und Sehnen befreien und mit einem scharfen Messer in winzige Würfel schneiden. Das ist ein gewisser Aufwand und mit dem Fleischwolf wäre die Arbeit leichter, aber der würde das Fleisch für meinen Geschmack zu sehr quetschen.

4. Die Schalotte ebenfalls in feine Würfel schneiden und hinzugeben, das Ei trennen und den Dotter mit Fleisch und Zwiebeln vermengen. Mit Salz, Pfeffer und einem kleinen Schluck Cognac abschmecken.

5. Gutes Mischbrot toasten oder in einer Pfanne trocken rösten, bis es dunkel wird, abkühlen lassen. Fleisch und Holunderkapern darauf anrichten und Zitronenmelisse über das Tatar zupfen.

Die Holunderkapern hatte ich schon im Sommer angesetzt, spontan und auf den letzten Drücker, kurz bevor die Beeren dann zu dunkel wurden. Nach einigen Wochen Reifezeit habe ich das erste Glas geöffnet, gekostet und den Geschmack sofort für sehr interessant und stimmig befunden. Eine Idee, wie ich die Beeren in einem Rezept einsetzen könnte, hatte ich trotzdem noch nicht – bis ich einige Monate später die Filets des Hasen ausgelöst habe.

Feldhaseneintopf mit Rüben

Teilstück: Keule
Für 4 Personen

1 Hasenkeule, ohne Knochen, ca. 700 g

5 l Wildbrühe (aus den Knochen des Hasen, siehe Grundrezept S. 61)

3 EL Butter

3 EL Mehl

1 Pastinake

1 Petersilienwurzel

1 Süßkartoffel

1 Karotte

4 Topinamburknollen

2 Lorbeerblätter

Salz

½ Knolle schwarzer Rettich, fein geschnitten

VARIATION:

Wer den milden Eintopf lieber etwas deftiger mag, gibt am Tisch noch Petersilie, Frühlingszwiebelringe und weißen Pfeffer hinzu.

1. Die Brühe erhitzen und beiseite stellen. In einem zweiten Topf die Butter zerlassen, unter Rühren das Mehl einstreuen und einige Minuten rösten, währenddessen weiter rühren. Die Mehlschwitze darf braun werden, aber nicht anbrennen. Nach und nach die heiße Hasenbrühe einrühren, bis sie aufgebraucht ist.

2. Pastinake, Petersilienwurzel, Süßkartoffel, Karotte und Topinamburknollen schälen, würfeln und zusammen mit den Lorbeerblättern in die gebundene Brühe geben. Alles etwa 20 Minuten köcheln lassen bis die Rüben weich sind.

3. Währenddessen die Hasenkeule mit dem Messer entlang der Sehnenhäute in die einzelnen Muskeln teilen und Fett und Sehnen entfernen. Den Rettich fein hobeln. Das Hasenfleisch quer zur Faser in feine Scheiben schneiden und kurz in der heißen Brühe ziehen lassen, dann mit Salz und dem fein geschnittenen scharfen Rettich abschmecken.

Süßlich und sanft kommt dieser Eintopf daher, das milde Wurzelgemüse drängt sich nicht auf – eine angemessene Bühne für das zarte Fleisch aus der Keule des Feldhasen.

ZUBEREITUNG: 45 MINUTEN

Englische Hasenkeule

Teilstück: Keule
Für 2 Personen

YORKSHIRE PUDDING:

100 g Mehl

2 Eier

wenig Salz

100 ml Milch

2–3 EL Wasser

2–3 EL Rapsöl

OFENGEMÜSE:

2 Pastinaken

2 Süßkartoffeln

3–4 festkochende Kartoffeln

3 EL Rapsöl

Salz

FLEISCH:

1 Hasenkeule, mit Knochen ca. 700 g

2 Zweige Rosmarin

½ TL Wacholderbeeren

½ TL Salz

1 TL Pfefferkörner

50 g Butter

100 ml trockener Rotwein

300 ml Wildbrühe
(siehe Grundrezept S. 61)

Salz

Pfeffer aus der Mühle

etwas Honig

evtl. Mehl

BEILAGE:

Dazu passt ein einfacher Salat.

1. Eier, Mehl, etwas Salz, Milch und Wasser zu einem glatten Teig vermischen und einige Stunden kühl stellen.

2. Für das Ofengemüse Pastinaken und Süßkartoffeln schälen, die Kartoffeln waschen und alles in große Stücke schneiden. Mit Öl und Salz in einer ofenfesten Form vermischen und bei 120 °C (Umluft) in den Backofen stellen.

3. Rosmarinnadeln mit Wacholderbeeren, Salz und Pfeffer im Mixer zu einem feinen Pulver verarbeiten. Das Fleisch damit einreiben und die Butter in einer Pfanne zerlassen. Die Keule bei schwacher bis mittlerer Hitze von beiden Seiten sanft anbraten, bis sie beginnt, dunkel zu werden.

4. Die Keule zum Gemüse auf den Rost in den Backofen legen, ein Backblech darunter schieben. Das Bratfett aus der Pfanne gießen und aufheben.

5. Den Bratensatz in der Pfanne mit Rotwein loskochen, die Brühe hinzugießen, aufkochen und bei mittlerer Hitze um etwa die Hälfte reduzieren. Die Sauce absieben und mit Salz, Pfeffer und etwas Honig abschmecken. Wenn nötig, mit etwas zuvor in kaltem Wasser gelöstem Mehl andicken.

6. Nach 30 Minuten das Fleisch aus dem Ofen nehmen, die Kerntemperatur sollte zwischen 56 °C und 58 °C betragen. Doppelt in Alufolie einschlagen und ruhen lassen. Das Wurzelgemüse kurz durchrütteln, damit alle Stücke gleichmäßig bräunen und zurück in den Ofen stellen.

7. Die Ofentemperatur auf 220 °C erhöhen. Das Bratfett aus der Pfanne zu gleichen Teilen mit Rapsöl mischen und auf die Mulden eines Muffinblechs oder mehrere kleine, hitzebeständige Backformen verteilen. Für 5 Minuten im Backofen erhitzen. Herausnehmen, den Teig zügig auf die Mulden bzw. Backformen verteilen und sofort zurück in den Ofen schieben. 20 Minuten backen, bis der Pudding sein Volumen mindestens verdoppelt hat und auch das Ofengemüse gar ist.

8. Das Fleisch parallel zum Knochen in dünne Scheiben schneiden mit der Sauce und den kleinen Puddings auf dem Wurzelgemüse anrichten.

Den wohl wichtigsten Denkanstoß, um nach einigen Jahren als Vegetarier wieder Fleisch zu essen, habe ich bei befreundeten Schäfern in Großbritannien bekommen. Obwohl wir wirklich viel über alle Aspekte des Lebens und Ablebens ihrer Tiere gesprochen haben, bin ich lange nicht darauf gekommen, sie zu fragen, wie sie das Fleisch eigentlich am liebsten zubereiten. Für dieses Buch habe ich das endlich nachgeholt, für das Rezept dann aber statt Lammfleisch die Keule meines Hasen verwendet.

ZUBEREITUNG: 90 MINUTEN · **TEIGRUHE:** EINIGE STUNDEN

SCHWARZWILD

DRÜCKJAGD IM DEZEMBER

166 SCHWARZWILD

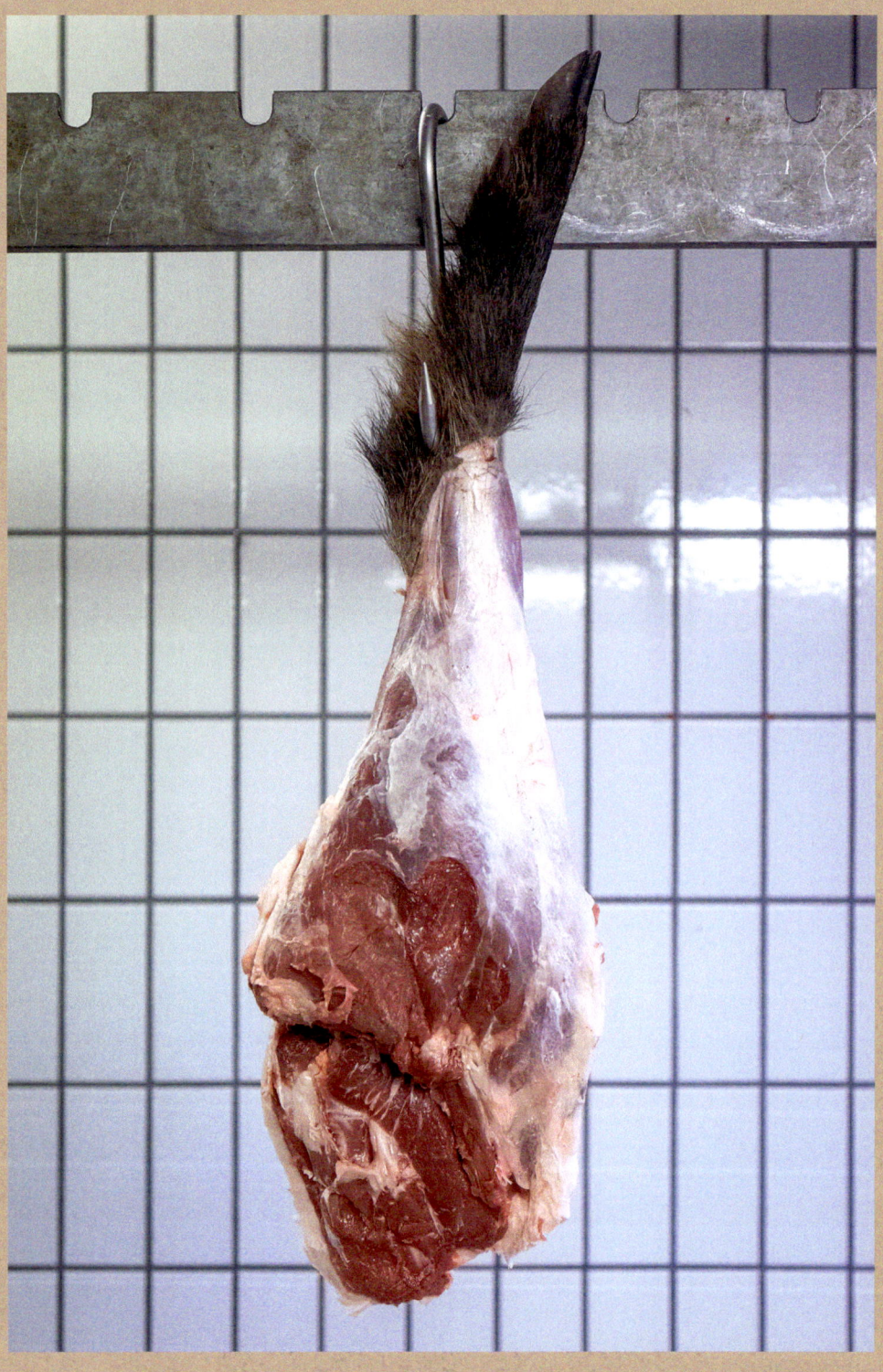

STANDLAUT!

Im ersten Licht eines ausgesprochen grauen Morgens stehen etwa dreißig oder vierzig Jägerinnen und Jäger in einem Halbkreis. Leuchtende Mützen, bunte Schals und die hochgeschlagenen Kragen signalorangener Jacken schützen vor der Kälte und dem Nieselregen, Gesichter sind kaum zu erkennen. Gestern hatte es sogar schon ein bisschen geschneit, die letzten grau-weißen Klumpen tauen am Rand des matschigen Parkplatzes, auf dem die merkwürdige Versammlung stattfindet.

In der Mitte steht der Jagdleiter, alle hören ihm zu. Er spricht laut und eindringlich und er findet klare Worte: Es gibt zu viele Wildschweine im Revier. Viel zu viele, er hat großen Ärger deshalb.

Die Landwirte in der Region hätten sich schon im Sommer beschwert, weil ihre Äcker fast jede Nacht von den Sauen aufgesucht wurden. Jetzt im November sind die Felder zwar längst abgeerntet, doch die Beschwerden hören nicht auf: Stattdessen drängen die Tiere nun auf die Weide- und Wiesenflächen, dort suchen sie nach Eiweiß: Engerlinge, Würmer, Mäusenester und Schnecken – wo die Schweine gegraben haben, sieht es sprichwörtlich aus wie Sau.

Außerdem steht die Afrikanische Schweinepest vor der Tür: In Polen, Belgien und Tschechien wurde die Krankheit bereits nachgewiesen. Ein Ausbruch auch in Deutschland wäre eine Katastrophe, für das Wild und für die landwirtschaftliche Schweinehaltung. Die Wildschweine könnten dazu beitragen, dass der Erreger sich rasch und unkontrollierbar ausbreitet, sobald er einmal eingeschleppt wurde.

Akira sitzt neben mir und zittert vor Aufregung. Die Schweinepest interessiert sie wenig, und wenn es nach ihr ginge, würden wir ohne große Reden einfach losfahren. Sie weiß genau, was solche Runden bedeuten: Die Jägerinnen und Jäger werden gleich auf Hochsitzen im Wald positioniert, während die Hundeführer mit ausgebildeten Jagdhunden wie ihr versuchen sollen, die Tiere aus ihren Verstecken zu scheuchen.

Wo die Wildschweine stecken, ist mehr oder weniger klar: Sie können nur in einem größeren Waldkomplex sein, denn die Feldflur bietet ohne Getreide und Mais zu dieser Jahreszeit keinen Unterschlupf. Das Gebiet kenne ich bisher kaum, obwohl es sogar an den Wald angrenzt, in dem ich normalerweise zur Jagd gehe. Eine Bahnlinie und ein Fluss trennen die beiden Waldstücke. Ich mache mir ein bisschen Sorgen wegen der Gleise. Akira würde einen Zug wohl nicht als Gefahr erkennen, und selbst wenn, hat der Regionalexpress außerhalb der Ortschaften eine enorme Geschwindigkeit. Aber wir sind ein gutes Stück von der Bahn entfernt, und zuerst müsste sie durch den Fluss schwimmen. Warum sollte der Hund das machen? Trotzdem ist mir ein bisschen unwohl. Vielleicht liegt das aber auch einfach daran, dass ich diese Art zu jagen ganz allgemein nicht gerne mag.

Die Drückjagd ist eine grobe, brachiale Jagdmethode. Will ich alleine auf den Hochsitz, versuche ich unbemerkt zu kommen und ebenso unbemerkt zu gehen. Das gelingt nicht immer, aber ich bemühe mich, die Störung für das Wild in Grenzen zu halten. Eine Drückjagd ist das genaue Gegenteil: Hunde, die frei durch den Wald laufen und laut bellen. Treiber und Hundeführer, die ebenfalls laut rufen, schon damit die Jäger sie bemerken. Dazu die vielen Autos, Schüsse und überall der Geruch nach Mensch …

Trotzdem sind Akira und ich heute hier. Eine Drückjagd ist effizient: An einem einzigen Jagdtag, mit passendem Wetter, guten Hunden und sicheren Schützen, wird nicht selten mehr Wild erlegt als im ganzen Jahr auf dem Ansitz. Der Wald wird regelrecht auf den Kopf gestellt, aber nur ein einziges Mal, und danach haben die Bauern hoffentlich Ruhe vor den Wildschweinen und der Abschussplan für die Rehe ist dann wohl auch erfüllt. Jagd hat in der Kulturlandschaft nun einmal auch die Aufgabe, Wildbestände zu reduzieren – und eine Menge Wildfleisch wird es auch geben.

Schon auf dem Weg ins Revier bemerke ich die umgegrabenen Wiesen am Waldrand. Schwarzbraun glänzt die frisch aufgewühlte Erde, tiefere Schadstellen sind voller Regenwasser und bilden große Pfützen. Die Wildschweine kommen im Schutz der Dunkelheit. Die Wege, die sie Nacht für Nacht nehmen, stechen mit geübtem Blick sofort ins Auge: Direkt an der Forststraße führen alle paar Meter ausgetretene Trampelpfade die Hänge hinab. In hellen Mondnächten kann man auf den Wiesen bestimmt immer mal ein Tier erlegen, aber auf Dauer ist ihnen damit nicht beizukommen.

Wildschweine sind auf der Jagd für die Hunde eine besondere Herausforderung. Während Rehe als Fluchttiere oft schon den Rückzug antreten, wenn sie einen Hund nur hören, wartet das Schwarzwild lange im dichten Gestrüpp. Ein Hund, der versucht die Tiere anzugreifen, hat schlechte Karten – beide Seiten wissen das. Ein Hund, der sich nicht einmal in die Nähe der Schweine traut, ist auf der Jagd aber auch keine Hilfe. Akira hat genug Mut, um den Schweinen ihr Versteck zu verleiden, aber gleichzeitig genug Hirn, um sich nicht in Gefahr zu bringen – aus meiner Sicht eine ideale Kombination. Außer ein paar Kratzern von den Brombeerdornen hat sie noch nie eine Verletzung mitgebracht. Außerdem werde ich in ihrer Nähe sein, weiter als ein paar hundert Meter entfernt sie sich meistens nur zu Beginn einer Jagd auf einer ersten großen Runde. Warum sie das macht, kann ich nicht sagen, aber es wirkt auf mich so, als wollte sie sich zunächst einen Überblick über das Gelände verschaffen. Danach bleibt sie für den Rest der Jagd in der Regel dichter bei mir. Hoffentlich ist es heute auch wieder so und sie wird nicht plötzlich übermütig.

Vor jeder Jagd mache ich mir ein bisschen Sorgen um Akira. Jagdhunde sind Hunde mit Beruf, im weitesten Sinne Nutztiere – und gleichzeitig geliebte Familienmitglieder. Die Hunde wollen jagen, unbedingt, sie wollen ihren angeborenen Trieb ausleben. Dafür haben wir Akira zu uns geholt, deshalb haben wir viel Zeit und Mühe in ihre Ausbildung investiert. Heute Abend wird sie erschöpft in ihrem Körbchen liegen und im Schlaf kläffen, weil sie die Erlebnisse des Tages nicht loslassen. Jagd macht ihr mehr Freude als alles andere und sie heute einfach bei mir zu behalten, wäre vollkommen falsch – trotzdem kostet es nicht nur mich ein bisschen Überwindung, meinen Vierbeiner laufen zu lassen. Unfälle sind selten, aber sie kommen vor. Die größte Gefahr sind Straßen und Zugstrecken, im Eifer übersehen die Hunde schnell den Verkehr. Auch Wildschweine, Hirsche oder sogar andere Hunde sind nicht zu unterschätzen. Damit Akira nicht von einem übereifrigen Jäger mit Wild verwechselt werden kann, trägt sie eine knallpinke Weste über ihrem braun-weiß gefleckten Fell, genau wie ich selbst signalorangene Kleidung. Sie freut sich riesig, wenn ich die Weste auspacke.

Das grelle Leuchten ihrer Weste ist wie immer das letzte was ich sehe, als sie vor mir im Dickicht verschwindet. Dann folge ich meinem Hund. Ich bearbeite mit Akira einen eigenen Bereich. Eine gedruckte Karte mit unserer Runde habe ich bekommen, dank GPS-Ortung weiß ich immer genau, wo ich mich befinde. Und wo sich mein Hund befindet: Auf dem Rücken trägt Akira einen Sender, der mir nicht nur ihre Position übermittelt, sondern auch, wie schnell sie sich bewegt und ob sie gerade bellt. Bellen, das bedeutet immer Wild: Sobald sie eine frische Fährte verfolgt, kann sie nicht anders, als zu kläffen – der „Spurlaut" ist angezüchtet. Sie warnt dadurch nicht nur die Jäger, die dann bereits lange im Voraus hören können, aus welcher Richtung sich Hund und Wild nähern, sondern auch das Wild selbst. Die Tiere sollen nicht vor einem urplötzlich auftauchenden Hund erschrecken. Sie würden dann panisch fliehen, schnell und unkontrolliert – ein sicherer Schuss wäre unmöglich. Vor einem bereits bellenden Hund verdrückt das Wild sich hingegen langsam. Immer wieder bleiben die Tiere bewegungslos stehen, um zu lauschen, was der Hund macht. Sie verfolgen seine Bewegung mit dem Gehör und passen dann ihren eigenen Weg an. Diese Augenblicke reichen erfahrenen Jägern für einen präzisen Treffer aus.

Während ich selbst laut rufend durch die Büsche stolpere, verfolge ich mit einem Auge auf dem GPS, wo Akira ist. Wild sehe ich selbst keines. Ich bin nicht hier, um mich an das Wild heranzuschleichen und es zu beobachten. Wenn ich Äste knackend und mit lautem „HOOP-HOPP-HOPP!" durch das Gestrüpp breche, sind die Tiere längst weg. Immer wieder höre ich Schüsse.

Akira bewegt sich zunächst zielstrebig in die gleiche Richtung wie ich, eine pinke Linie markiert ihren Weg auf dem GPS. Plötzlich ist die Linie blau hinterlegt: sie bellt. Schnell wächst die Entfernung, dann wird Akira langsamer und die blaue Farbe verschwindet. Entweder das Tier vor ihr konnte erlegt werden, oder sie hat die Fährte verloren. Sicher kann ich es nicht sagen, aber ich meine, einen Schuss aus dieser Richtung gehört zu haben. Zweimal wiederholt sich

das, dann bewegt sich die Linie zurück. Kurz darauf hört Akira mein Rufen und die aufgeregt hechelnde Hündin ist wieder bei mir. Streicheleinheiten möchte sie jetzt aber nicht. Lieber weiter jagen!

Alle zwei oder drei Minuten sehe ich Akira, oder wenigstens das leuchtende Pink der Weste für einen Augenblick. Immer wieder höre ich sie auch bellen, aber offenbar ist sie schon zufrieden, wenn das Wild sich in Bewegung setzt und verfolgt es nicht lange. Ich vermute, dass sie Rehe findet. Unsere Runde haben wir zum größten Teil geschafft, und es bleibt noch fast eine Stunde bis zum Ende der Jagd. Einige besonders vielversprechende Ecken werden wir noch ein zweites Mal gezielt ansteuern, so ist es abgesprochen. Dann ist Akira wieder verschwunden. Auf dem GPS sehe ich, dass die Entfernung zu ihr etwa 600 Meter beträgt und dass die Spitze der Linie sich nicht bewegt. Nach zwei anstrengenden Stunden kommt es manchmal vor, dass sie eine kurze Auszeit benötigt. Das kenne ich, obwohl sie sich normalerweise bei mir ausruht. Eine verdiente Pause, kein Grund zur Sorge.

Im Vorbeigehen habe ich mit den Jägern auf den Hochsitzen gesprochen. Die meisten haben Wild erlegen können, nicht zuletzt wegen Akira – außer ihr ist in diesem Bereich kein weiterer Hund im Einsatz. Selbstverständlich ist es nie, dass eine aufwändig geplante Drückjagd auch das gewünschte Ergebnis bringt. Schlechte Hunde, schlechtes Wetter, schlechte Schützen oder einfach Pech – Jagd ist letzten Endes nicht planbar. Wird nur wenig Wild erlegt, war die monatelange Vorbereitung umsonst. Das ist ärgerlich. Für die Organisatoren, weil sie viel Arbeit investiert haben. Für die Jäger, weil sie sich Zeit genommen und auf Beute gehofft haben, und dann mit leeren Händen heimkommen. Und nicht zuletzt für das Wild, so paradox es klingen mag: Geht man davon aus, dass die Abschussvorgaben ohnehin erfüllt werden müssen, ist ein Ende mit Schrecken wohl immer noch besser als ein Schrecken ohne Ende. Erst den Wald mit einer Drückjagd auf den Kopf zu stellen, und wegen eines Misserfolgs dann trotzdem mitten im Winter weiter Unruhe im Wald verbreiten zu müssen, das ist die schlechteste Lösung. Auf den Jägern lastet daher immer auch ein gewisser Erfolgsdruck: Gute Möglichkeiten zu verschlafen oder scheinbar einfach zu erlegendes Wild davonkommen zu lassen, ist nicht besonders angesehen.

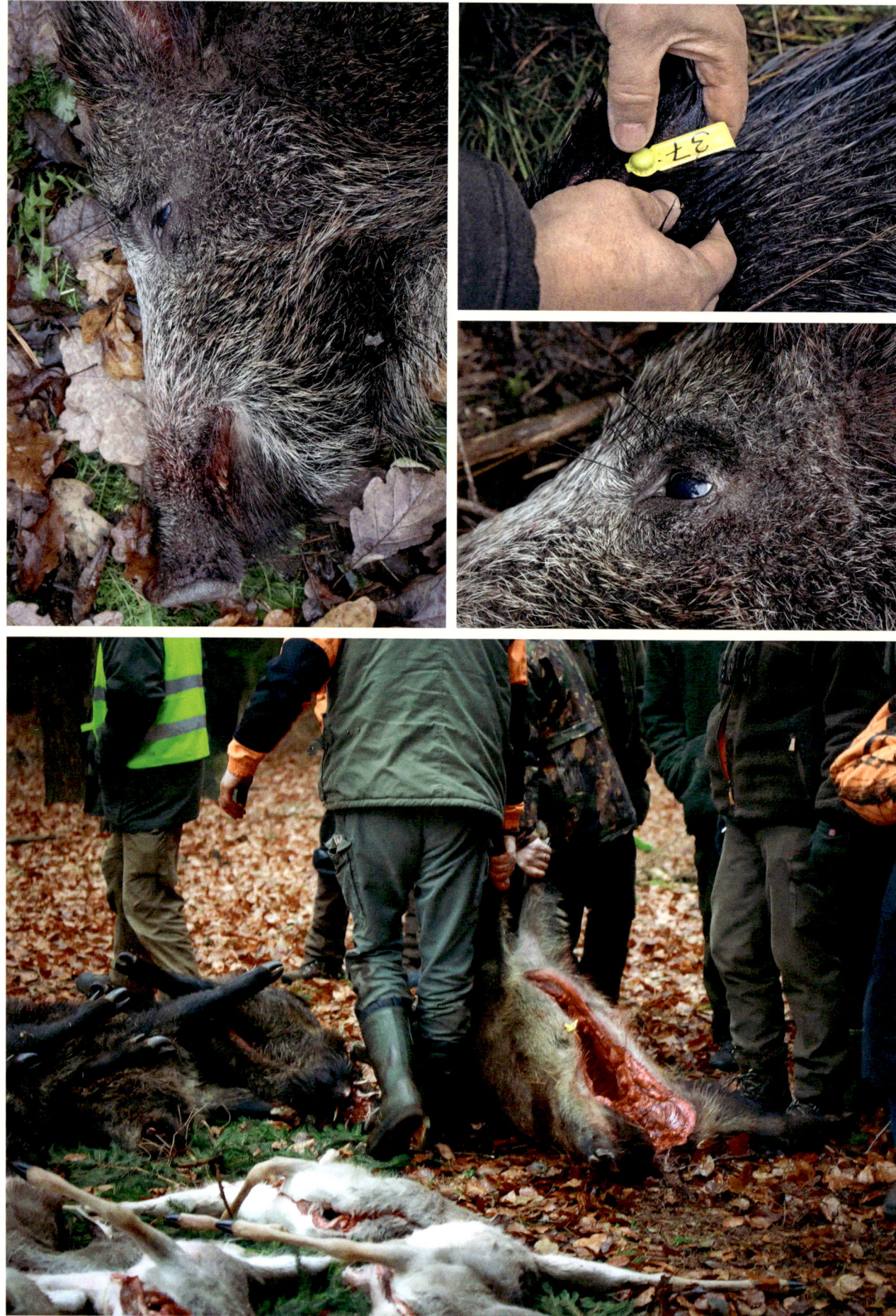

Erst ein zweiter, genauerer Blick aufs GPS zeigt mir, dass die Spitze der Linie wieder blau hinterlegt ist. Akira bellt, aber sie bewegt sich nicht vom Fleck: Standlaut. Scheiße! Akira bellt ein Tier an. Was auch immer es ist, es lebt, sonst würde sie es in Ruhe lassen. Warum flieht es nicht vor ihr?

Sechshundert Meter, das klingt nicht weit. Wenigstens hören müsste ich sie doch fast? Tief hat sich ein schmaler Bach in den Boden gefressen. Am steilen Ufer rutsche ich in der Eile ab, bis fast zur Hüfte stehe ich im Wasser. Kalt, unangenehm, aber nichts passiert. Weiter!

Auf der anderen Seite die Böschung hoch, durch die Brombeeren. Auf der Drückjagd geht es immer in die Brombeeren. Eine Wand aus fingerdicke Ranken, fest und zäh, und mit krumm gebogenen Dornen. Schiebt man eine nach unten, beißen sich schon die nächste in die Hose. Mit den Händen kann ich trotz Arbeitshandschuhen nicht zugreifen, die Dornen stechen bei genug Druck bis ins Fleisch durch.

Für wenige Meter Brombeerdschungel brauche ich eine halbe Ewigkeit. Ob es schneller gewesen wäre, einen Weg um die Fläche herum zu suchen? Bald höre ich in der Ferne Akira. Die Richtung stimmt! Ein Wildschwein, kein Zweifel, ihre Stimme klingt tief und böse.

Kurz bevor ich bei ihr bin, leuchtet es schräg über mir orange. Ein Jäger, der einen „Klettersitz" an einem Baumstamm befestigt hat und von dort aus an der Jagd teilnimmt. Auch er hat mich bemerkt, und weiß sofort, warum ich komme: „Eine kranke Sau, 50, 60 Kilo, sie kam von dort hinten über den Kamm. Der Hund war sofort dran, ein pinker. Schießen konnte ich nicht, aber sie sind jetzt da unten. Bestimmt seit zehn Minuten."

Ein weiterer Graben zieht sich durch den Wald, dicht bewachsen mit jungen Fichten, Birken und irgendwelchen Büschen. Aus diesem Dickicht höre ich Akira. „Krank" ist das Schwein also, das bedeutet verletzt. Vermutlich durch einen schlechten Schuss? Mindestens 50 Kilo hat er gesagt, und dabei hat er vermutlich noch das Gewicht des bereits ausgenommenen Tiers gemeint. Akira wiegt selbst gerade mal 16 oder 17 Kilo.

Während ich nach einer Stelle suche, an der ich in den Graben klettern kann, zwinge ich mich zur Ruhe. Blind zum Hund zu rennen, wäre jetzt falsch. Ich muss einen Überblick gewinnen. Wo bewegt sich das Gestrüpp? Vielleicht ist das Wildschwein sogar genau zwischen uns? Jetzt geht es nicht um Sekunden, sondern um besonnenes Eingreifen. Während der letzten zehn Minuten hat sie es auch alleine geschafft.

Das ist nicht Akiras Stimme. Nicht nur. Ein zweiter Hund ist plötzlich zu hören, höher und fast noch wütender, genauso drängend. Einige Male höre ich ihn kläffen, dann ein Schuss. Direkt vor mir, ohrenbetäubend laut. Beide Hunde verstummen fast augenblicklich.

Nach ein paar Minuten liegt das Wildschwein auf der Forststraße vor uns. Kopfschüttelnd schaut der andere Hundeführer auf das tote Tier. Klein ist es nicht, 50 Kilo könnten hinkommen. Während er sich die Hände an der Hose abwischt sagt er: „Armes Schwein, wirklich. So eine Scheiße!".

Im Oberschenkel des Tiers klafft ein Loch, eine Schusswunde. Weil wir das tote Schwein aus dem Graben ein ganzes Stück die Böschung hinauf ziehen mussten, ist die Wunde jetzt schlammig, genau wie das braune Fell. Trotzdem ist deutlich zu sehen, wie groß sie ist. Auch am Kopf glänzt Blut: hier hat der zweite, sofort tödliche Schuss des Hundeführers das Schwein getroffen.

„Weidmannsheil!" wünsche ich noch etwas atemlos. „Das war eben da unten ja völlig untergegangen, sorry", füge ich hinzu. „Macht nichts, egal. Aber Weidmannsdank natürlich".

Akira weicht keinen Meter von meiner Seite. Allerdings geht es ihr vermutlich weniger um mich, als um das Schwein, ihre Beute. Sie muss auf das schwerverletzte Tier gestoßen sein und es sofort bis in den Graben verfolgt haben. Dort, im dichtesten Bewuchs, hat das Schwein sich dann umgedreht und auf sie gewartet. Vielleicht hatte es nicht mehr die Kraft, den gegenüberliegenden Hang hinaufzuklettern? Oder Akira war einfach zu schnell und es blieb keine andere Möglichkeit? Jedenfalls hat das Wildschwein es geschafft, erst Akira und am Ende auch den zweiten Hund auf Abstand zu halten. Der andere Jäger hat dann einen Augenblick abgepasst, in dem sein Hund und Akira weit genug vom Schwein entfernt waren und hat geschossen.

Der Rest ließ sich erst nach dem Ende der Jagd klären. Ein Jäger berichtete am Treffpunkt, dass er von seinem Hochsitz aus mehrere Wildschweine gesehen habe. Auf eines der Tiere habe er geschossen, aber nach seinem Schuss sei es weitergelaufen und nach wenigen Metern im Dickicht verschwunden. Betreten habe er gerade schon darum gebeten, dass jetzt so schnell wie möglich mit einem für solche Situationen ausgebildeten „Schweißhund" nach dem Schwein gesucht werden solle. „Vielleicht habe ich auch glatt vorbeigeschossen, hoffentlich. Das wäre sicherlich das Beste", murmelt er noch. Ein Blick auf die Karte und das GPS-Gerät zeigt, dass Akira wenige Meter von seinem Hochsitz entfernt angefangen hatte zu bellen.

Ich mache ihm keinen Vorwurf, niemand tut das. Fehler passieren, überall im Leben und in allen Bereichen. Vielleicht war der Schuss tatsächlich unbedacht oder sogar fahrlässig. Möglicherweise hat er sich selbst überschätzt, nur selten auf dem Schießstand geübt oder sich von der überdeutlichen Ansprache am Morgen zu einem riskanten Versuch verleiten lassen. Vielleicht war es aber auch das bisher einzige Missgeschick in einer langen, untadligen Jägerlaufbahn, ich weiß es nicht. An seinem Gesicht lässt sich ablesen, wie sehr ihn das Geschehene selbst mitnimmt. Ich bin mir sicher, dass er alles unternehmen wird, damit so etwas nicht noch einmal passiert. Auch ich habe vor einigen Jahren als Jagdanfänger einmal einen Rehbock unter besten Bedingungen nicht gut getroffen, erst mit einem Hund haben wir ihn dann gefunden. Später stellte sich heraus, dass es am Zielfernrohr lag.

Zu beschönigen gibt es jedenfalls nichts. Solche Fehler muss nie der Jäger ausbaden, sondern immer das Wild. Dieser Schuss und die ganze Angelegenheit waren eine absolute Katastrophe, das Schwein hat zehn Minuten schrecklich gelitten. So etwas darf nicht sein, unter keinen Umständen.

Doch auch was die Schäden durch Wildschweine angeht, gibt es wenig schönzureden. Die Maisfelder in der Gegend sind mir im Sommer natürlich auch aufgefallen. Die Schadflächen waren so groß, dass man sie nicht übersehen konnte. Manche Felder wurden regelrecht ausgehöhlt. Bis fast an den Rand hatten die Schweine immer größere Lücken geschaffen, indem sie die Stängel einfach umgeknickt haben, um die Kolben fressen zu können. Ich verstehe, dass die Landwirte das nicht zulassen wollen, sie leben von den Erträgen.

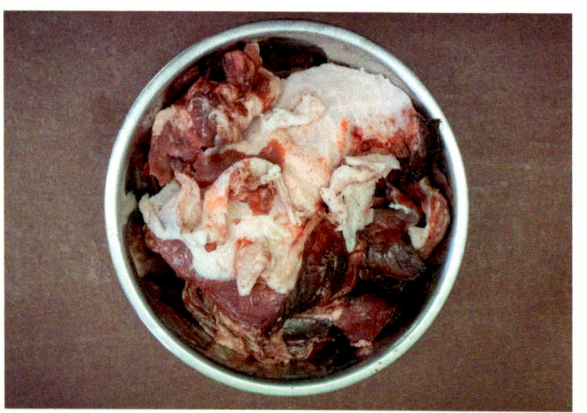

Auf der anderen Seite ist das Problem in diesem Fall gleichzeitig die Ursache: Nicht zuletzt weil es seit einigen Jahren immer mehr Mais auf den Äckern gibt, vermehren sich die Schweine enorm. Die Pflanzen werden heute nicht nur als Viehfutter, sondern auch zur Stromerzeugung in Biogasanlagen genutzt. Das ist gesellschaftlich gewollt und wird staatlich subventioniert – deshalb bringt Mais gutes Geld und deshalb ist er in der Landwirtschaft so beliebt. Wildschweine lieben die reifenden Kolben und finden Nahrung im Überfluss.

Doch es ist nicht nur der Mais. Unsere gesamten Landschaft sieht aus, als hätte sie ein Wildschwein nach seinen Bedürfnissen gestaltet: Reichlich Raps, der schon früh im Jahr ein sicheres Versteck und manchmal auch Nahrung bietet. Kurz darauf reift dann schon der ausgesprochen nahrhafte Weizen, und wenn der geerntet wird, ist der Mais schon so weit, dass die Kolben schmecken. Wenn im Herbst dann schließlich auch der Mais eingefahren wird, locken Eicheln und Bucheckern in den Wäldern. Die Bäume tragen fast jedes Jahr „Mast", das war früher seltener der Fall. Vermutlich durch Stickstoffeinträge und warme Temperaturen hat sich das geändert. Lange, kalte Winter würden junge Frischlinge das Leben kosten und so auf zwar grausame, aber doch natürliche Weise, den Nachwuchs dezimieren – aber auch sie haben in den letzten Jahren gefehlt. Ob und wie lange sich die Wildschweinpopulation unter diesen für die Tiere idealen Bedingungen letztlich überhaupt noch durch Jagd begrenzen lässt, ist nicht unumstritten.

Akira ist glücklich, weil sie jagen durfte. Dieses Wildschwein ist ihre Beute. Ohne sie hätte das Tier noch länger leiden müssen. Wahrscheinlich wäre es sogar trotz der Wunde noch weiter gelaufen, den Graben entlang. Akira hat das verhindert, ich bin ein bisschen stolz auf sie. Sie hat das verletzte Schwein gestellt, und so laut gebellt wie sie konnte. Der zweite Hund hat sie gehört, und durch ihn wurde wiederum der andere Jäger aufmerksam. Der schlechte Schuss wird dadurch kein bisschen besser, aber immerhin konnte dank Akira der Sache relativ schnell ein Ende gesetzt werden.

Immer, wenn ich ein Tier verarbeite, koche ich die Reste für meine Hündin ab – bei diesem Schwein werde ich beim Zuschneiden wohl ein bisschen großzügiger sein als sonst.

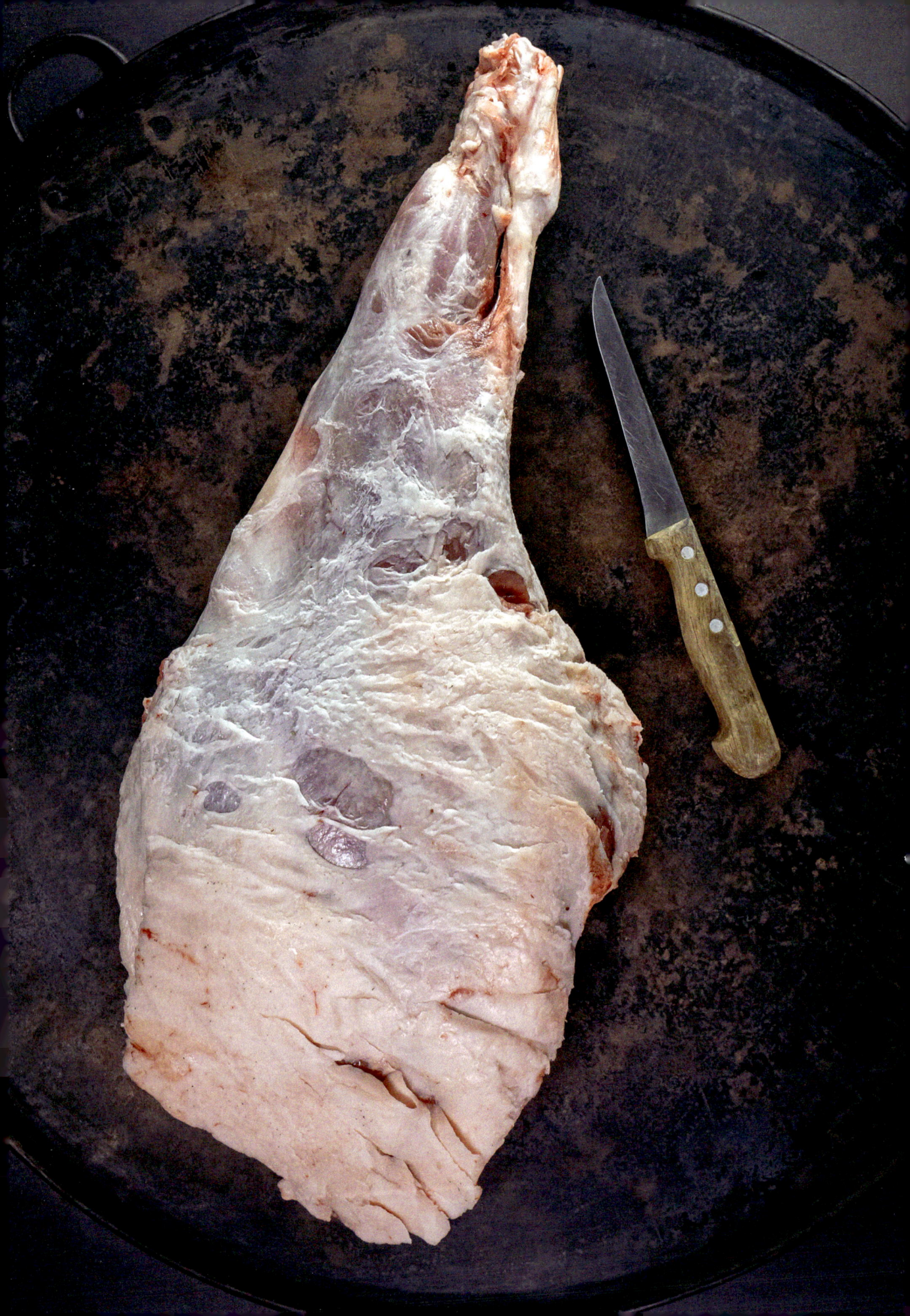

FAKTEN SCHWARZWILD

Durch die Veränderungen in der Bewirtschaftung der Kulturlandschaft ist die Wildschweinpopulation in Deutschland in den letzten Jahren stark angestiegen und entsprechend ist auch die Zahl der erlegten Wildschweine geradezu explodiert: Während nach der Wiedervereinigung jährlich noch um die 300.000 Tiere geschossen wurden, waren es in den letzten fünf Jahren im Durchschnitt bereits über 600.000, Tendenz weiter steigend. Regionen und Reviere, in denen keine Wildschweine vorkommen, gibt es kaum noch, sogar Schrebergärten und Stadtparks werden besucht.

Obwohl sie so häufig sind, gelingt es nur selten, Wildschweine bei Tag zu beobachten – erst nachts verlassen die Tiere ihre Verstecke. Meistens in Gruppen ziehen sie dann auf der Suche nach Nahrung durch ihre großen Streifgebiete. Mehrere Weibchen bilden zusammen mit ihrem Nachwuchs eine so genannte „Rotte". Alle männlichen Jungtiere müssen diese Familienrotte gemeinsam mit ihren Altersgenossen nach dem ersten Lebensjahr als „Überläufer" verlassen, bleiben dann aber noch eine Weile beisammen. Nur ältere Männchen, die „Keiler", werden zu Einzelgängern.

Weibliche Wildschweine werden geschlechtsreif, sobald sie etwa 30 Kilo schwer sind – dieses Gewicht erreichen sie auch dank des hervorragenden Nahrungsangebots in den Mais- und Weizenfeldern heute schon im ersten Lebensjahr. Eine klar begrenzte Paarungszeit gibt es bei Wildschweinen deshalb mittlerweile nicht mehr. Die meisten der kleinen „Frischlinge" werden zwar immer noch im frühen Frühjahr geboren, grundsätzlich sollte aber immer mit Jungtieren gerechnet werden. Die Bejagung macht das nicht leichter: Jägerinnen und Jäger müssen bei Wildschweinen ganz besonders genau hinsehen, um keinesfalls ein säugendes Muttertier zu erlegen.

Das Fleisch von Schweinen, die sich unmittelbar vor ihrem Tod stark verausgabt haben, kann unter Umständen nicht richtig reifen. Es ist dann bei der Zubereitung auffällig blass und wässrig, bei Schlachttieren nennt man diesen Qualitätsmangel PSE-Fleisch. Akiras Schwein war zum Glück aber einwandfrei zu verarbeiten. Ausgenommen hatte es 43 Kilo auf die Waage gebracht, es war etwa eineinhalb Jahre alt. Wegen des schlechten Treffers habe ich eine Keule und einen Teil des Bauchs zu Akiras großer Freude als Hundefutter abgekocht, ohne Fell und Knochen blieben von dem Tier dann nur etwa 15 Kilo reines Fleisch für mich und dieses Buch.

ZUBEREITUNG: 1 ½ STUNDEN · KÜHLZEIT: MINDESTENS 2 STUNDEN

Wildschweinschmalz

Teilstück: Fett, v. a. aus der Bauchhöhle und vom Rücken
Für 2–4 Gläser

1 kg Fett vom Wildschwein, gefroren

Wasser

Apfelstückchen, Zwiebelwürfel, Wacholderbeeren, Pfefferkörner und Rosmarinzweige, nach Geschmack

TIPPS:

Man kann das Fett natürlich auch ohne Wasser in einer trockenen Pfanne ausbraten. Auf diese Art schmilzt das Fett etwas schneller, und die Ausbeute an Schmalz scheint noch ein bisschen höher zu sein – dafür riecht die Küche anschließend noch nach Tagen kräftig nach gebratenem Fett.

Reines Schmalz ist im Kühlschrank einige Monate haltbar, mit Zwiebel- und Apfelstückchen sollte es etwas schneller aufgebraucht werden.

ANMERKUNG:

Schmalz ist Fett, das einmal geschmolzen und dann wieder fest geworden ist. Frisch aus dem Kühlschrank ist es cremig und streichbar, bei Raumtemperatur schon recht weich und wird es erhitzt, verflüssigt das Schmalz sich noch schneller als Butter.

Dabei spielt eine entscheidende Rolle, von welchem Teilstück des Wildschweins das Fett stammt: Das Fett aus dem Bauchraum und um die Nieren, „Flomen" oder „Liesen" genannt, ergibt besonders weiches Schmalz, reiner Rückenspeck ist deutlich härter.

1. Um das Schmalz auszulassen, das gesammelte Fett zunächst durch die gröbste Scheibe des Fleischwolfs drehen oder in Würfel schneiden. Leichter geht das, wenn das Fett im Gefrierschrank liegt, bis es hart geworden ist. Etwas im Fett enthaltenes rotes Muskelfleisch stört nicht, im Gegenteil: knusprig ausgebraten schmeckt es später sogar besonders gut.

2. Das gewolfte Fett mit etwas Wasser in einen Topf geben und erhitzen, bis das Wasser kocht. Abgedeckt für 60 Minuten kochen lassen und dabei immer wieder umrühren, dann die Flüssigkeit absieben und mindestens 2–3 Stunden kalt stellen. Da Fett bekanntlich leichter ist als Wasser, bildet das Schmalz nach einer Weile eine feste Schicht an der Oberfläche, es lässt sich dann einfach abheben. Zurück bleibt eine besonders intensive Brühe, die auf jeden Fall ebenfalls weiterverwendet werden sollte.

3. Das Schmalz kann zusätzlich auch aromatisiert werden: Bei schwacher bis mittlerer Hitze wird es noch einmal in einer Pfanne zerlassen. Apfelstückchen, Zwiebelwürfel oder Gewürze wie Wacholder, Pfeffer oder Rosmarin hinzugeben und einige Minuten darin braten. Apfel und Zwiebel im Schmalz lassen, Gewürze wieder entfernen und das noch flüssige Fett in saubere Gläser gießen.

Im Herbst und Frühwinter haben Wildschweine eine dicke Speckschicht, für mich ist sie mit das Wertvollste am ganzen Tier. Während das Fett bei Reh-, Dam- und Rotwild eher tranig schmeckt, achte ich beim Wildschwein penibel darauf, auch noch das kleinste Stückchen „Weißes" zu verwerten. Das gesammelte Fett lasse ich zu Schmalz aus und verwende es mit frischen Käutern als Brotaufstrich, für den Fettanteil der Leberwurst oder zum Confieren.

Confierter Wildschweinnacken mit Grünkohl

Teilstück: Nacken
Für 4 Personen

CONFIT:

2 Stücke Wildschweinnacken, je ca. 300 g

10 schwarze Pfefferkörner

2 Lorbeerblätter

½ TL Koriandersamen

½ TL Zucker

920 ml Wasser

80 g Pökelsalz

400 g Wildschweinschmalz (siehe Rezept S. 177)

GRÜNKOHL:

500 g Grünkohl

Salz

1 Gemüsezwiebel

4 EL Wildschweinschmalz (siehe Rezept S. 177)

500 ml Wildschweinbrühe (siehe Grundrezept S. 61)

2 EL Haferflocken (blütenzart)

weißer Pfeffer aus der Mühle

Zucker

BEILAGEN:

Dazu passen Bratkartoffeln, die am besten ebenfalls in Wildschweinschmalz sanft gebraten werden.

1. Für das Confit die oberflächlichen Sehnen vom Fleisch entfernen, anhängendes Fett aber am Fleisch belassen. Alle Gewürze ins Wasser geben, aufkochen und abkühlen lassen. Die Pökellake in ein Glas- oder Tongefäß geben, das Fleisch hineinlegen, beschweren, damit es vollständig bedeckt ist, und für 3 Tage in den Kühlschrank stellen.

2. Danach das Fleisch aus der Lake nehmen, abtrocknen und das Schmalz in einem kleinen Topf zerlassen. Das Fleisch in das flüssige Schmalz legen, es sollte vollständig bedeckt sein. Für 5 Stunden bei 80 °C (Ober-/Unterhitze) garen. Abkühlen lassen, kontrollieren, dass das Fleisch vollständig bedeckt ist und mindestens eine Woche im Kühlschrank ziehen lassen. Das Confit schmeckt kalt, oder es wird noch einmal für 30 Minuten bei 80 °C im Ofen aufgewärmt.

3. Den Grünkohl waschen und für 3 Minuten in reichlich kochendes Salzwasser geben. Abschrecken und zum Abtropfen beiseite stellen. Die Zwiebel schälen und grob würfeln, 4 Esslöffel Wildschweinschmalz vom Confit abnehmen und das Fleisch mit dem restlichen Fett zum Aufwärmen bei 80 °C (Ober-/Unterhitze) in den Backofen stellen.

4. Die Zwiebelwürfel bei geringer Hitze im Schmalz dünsten, bis sie glasig werden. Den Grünkohl in Streifen schneiden und dazugeben, für 30–40 Minuten bei schwacher Hitze garen. Zuletzt die Haferflocken einrühren, mit Salz, Pfeffer und etwas Zucker abschmecken und das warme Confit auf dem Kohl anrichten.

„Confit" klingt ein bisschen nach Fruchtaufstrich, doch hinter dem Begriff verbirgt sich eine der spannendsten traditionellen Methoden, um Fleisch zu konservieren: Zunächst wird das Wild in Salzlake gepökelt und anschließend stundenlang in reinem Fett gegart. Beim Abkühlen bildet sich ein Deckel aus Schmalz, der verhindert, dass das Fleisch verdirbt – gleichzeitig bleibt es unwahrscheinlich saftig, wird durch das lange Garen zart und hat einen intensiven Geschmack.

ZUBEREITUNG: 1 STUNDE · PÖKELN: 3 TAGE · GAREN: 5 STUNDEN · DURCHZIEHEN: 1 WOCHE

Bratwurstexperimente mit dem Handfülltrichter

Teilstück: Schulter
Für 8 Personen

2 kg Wildschweinfleisch aus der Schulter, gefroren

400 g Feta

5 Meter Darm Kaliber 28/30 oder 30/32

getr. Tomaten, Oliven, Knoblauch, gehackt, nach Geschmack

getr. Datteln oder Feigen, gehackt, nach Geschmack

Gewürze wie Oregano, Thymian, Fenchelsamen, Majoran, Koriander, Senfkörner …

etwas Öl

1 Ei zum Binden

ANMERKUNG:

Eine Bratwurst enthält üblicherweise gut zwanzig Prozent Fett. Wildschweinwurst wird deshalb in den meisten Rezepten auch Hausschweinefleisch zugesetzt – ohne einen gewissen Fettanteil lässt sich der gewohnte Geschmack nicht erreichen.

Für meine Wurst möchte ich auf Hausschwein verzichten. Um auf diese Art zu wursten, ist es nötig, sich zunächst vom typischen Geschmack und dem gewohnten Mundgefühl einer gekauften Bratwurst zu verabschieden – und dann kreativ zu werden.

1. Das Fleisch noch hart gefroren durch die mittlere Scheibe des Fleischwolfs drehen. Auf 1 Kilo Fleisch gebe ich dabei gerne 200 g Feta, das sorgt für einen gewissen Grundgehalt an Fett – und von Anfang an für einen Geschmack jenseits der bekannten Bratwurst. Das Hackfleisch mindestens 5 Minuten kneten, bis es fluffig wirkt und an den Händen klebt. Währenddessen den eingesalzenen Darm schon einmal wässern.

2. Kleine Portionen von etwa 300 g Hackfleisch auf Schüsseln verteilen und würzen. Dabei sind der Fantasie keine Grenzen gesetzt: Kräuter, getrocknet oder frisch, Knoblauch, Gewürze, Käse, getrocknete Früchte … Auch etwas Öl schadet nie, und ein untergemischtes Ei verbessert die Bindung. Um eine Ahnung zu bekommen, wie die Wurst schmecken wird, immer wieder kleine Klopse in einer heißen Pfanne braten – notfalls auch, bis das ursprünglich für die Wurst vorgesehene Brät aufgebraucht ist.

3. Stimmt schließlich der Geschmack, wird der gewässerte Darm auf den Trichter gezogen und das Hack mit den Fingern hinein gedrückt. Nicht zu fest füllen, sonst platzt die Wurst beim Braten oder Grillen. Luftblasen vorsichtig ausstreichen, beide Enden der Wurst abdrehen und den restlichen Darm abscheiden. Besonders gelungene Rezepte aufschreiben – und nächstes Mal mit einem richtigen Wurstfüller in die Massenproduktion starten.

Handfülltrichter aus Metall gibt es für wenig Geld im Hausschlachtbedarf, und die Investition lohnt sich: Mit dem einfachen Hilfsmittel lassen sich auch einzelne Würste füllen, die sich entsprechend auch einzeln abschmecken lassen – perfekt, um eigene Gewürzmischungen zu entwickeln. Ein richtiges Rezept schreibe ich nicht auf, im Gegenteil – statt einer aufs Gramm genau abgewogenen Anleitung gibt es an dieser Stelle nur die Grundidee und einige Ratschläge: Die Würste sollen eben nicht alle gleich schmecken.

ZUBEREITUNG: EIN ABEND

ZUBEREITUNG: 45 MINUTEN

Wildschwein-Köttbullar

Teilstück: Schulter
Für 4 Personen

KÖTTBULLAR:

800 g Wildschweinschulter

1 trockenes Brötchen

100 ml Milch

2 Zwiebeln

2 Eier

Salz

schwarzer Pfeffer aus der Mühle

3 Pimentkörner, zerstoßen

3 EL Butterschmalz

KARTOFFELSTAMPF:

1 kg Kartoffeln (mehlig kochend)

Salz

4 EL Butter

100 ml Milch

weißer Pfeffer aus der Mühle

frisch geriebene Muskatnuss

SAUCE:

1 Handvoll getrocknete Pilze (Röhrlinge)

200 ml heißes Wasser

200 g saure Sahne

Salz, schwarzer Pfeffer aus der Mühle

1–2 TL Honig

SCHWEDISCHER GURKENSALAT:

1 Gurke

1 TL grober Senf

1 EL Essigessenz

2 EL Wasser

2 EL neutrales Öl

2–3 Zweige frischer Dill

Salz

weißer Pfeffer aus der Mühle

1. Das Fleisch durch den Fleischwolf drehen, dabei eine mittlere Scheibe mit Löchern von 3 oder 4 mm Durchmesser verwenden. Das trockene Brötchen reiben und das Semmelmehl einige Minuten in Milch einweichen. Währenddessen die Zwiebeln schälen und in feine Würfel schneiden. Hackfleisch, Eier, Brötchen-Milch-Mischung und Zwiebelwürfel locker vermengen und mit Salz, schwarzem Pfeffer und Piment würzen.

2. Die Kartoffeln schälen und in Salzwasser gar kochen.

3. Währenddessen die getrockneten Pilze fein zerbröseln, mit heißem Wasser begießen und ziehen lassen. Mit angefeuchteten Händen kleine Hackbällchen formen und bei mittlerer Hitze in Butterschmalz von allen Seiten braten.

4. Die Hackbällchen warm stellen, dann den Bratensatz in der Pfanne mit dem Pilzwasser ablöschen und vom Boden loskochen. Abkühlen lassen, die Pilze und die saure Sahne hinzugeben und mit Salz, Pfeffer und Honig abschmecken. Warm stellen, aber nicht noch einmal aufkochen.

5. Die Kartoffeln abgießen, Butter und Milch hinzugeben und zerdrücken (nicht pürieren). Mit Salz, weißem Pfeffer und Muskat abschmecken.

6. Für den Salat die Gurke in Scheiben schneiden. Senf, Essigessenz, Wasser und Öl verrühren. Gurkenscheiben und reichlich abgezupfte Dillspitzen vermengen, die Salatsauce hinzugeben und mit Salz und weißem Pfeffer abschmecken.

Schwedische Köttbullar kennt man auch in Deutschland, aus Astrid Lindgrens Büchern oder aus der Kantine eines Möbelhauses. Bei schwedischen Jägerinnen und Jägern scheinen sie ebenfalls sehr beliebt zu sein, in ihren Rezepten verwenden sie allerdings meistens Elchfleisch. Mangels Elchen im Revier habe ich mich bei meinen Köttbullar für Wildschweinhack entschieden.

184

ZUBEREITUNG: 30 MINUTEN · GAREN: 6–8 STUNDEN

Pepposo

Teilstück: Schulter
Für 4 Personen

1 kg Wildschweinfleisch aus der Schulter, durchwachsen und mit anhängendem Fett

500 ml lieblicher Rotwein

½ TL Salz

2 TL schwarzer Pfeffer, grob gemahlen

5–10 Wacholderbeeren

BEILAGE:

Die dünnflüssige Sauce mit Weißbrot auftunken.

TIPP:

Ich kann mich auf meinen Ofen und den Bräter verlassen und bereite mein Pepposo meistens über Nacht zu. Am nächsten Morgen schalte ich den Ofen aus und wärme das Pepposo später nur noch kurz auf – wie die meisten Schmorgerichte schmeckt es durchgezogen ohnehin noch besser.

1. Das Fleisch in größere Würfel schneiden, vorhandenes Fett dabei unbedingt am Fleisch lassen. Im Bräter trocken anbraten, das vorhandene Fett beginnt dabei auszuschmelzen. Wenn die Fleischwürfel von allen Seiten Farbe genommen haben, mit Rotwein ablöschen, kurz aufkochen lassen und den Bratensatz lösen, dann Salz, Pfeffer und angedrückte Wacholderbeeren hinzugeben.

2. Den Bräter mit gut schließendem Deckel bei 80 °C (Ober-/Unterhitze) in den Backofen stellen und alles für mindestens 6 Stunden garen. Wenn das Wildschweinfleisch faserig zerfällt, das Pepposo noch einmal mit Salz und fein gemahlenem schwarzen Pfeffer abschmecken und die Wacholderbeeren wenn möglich entfernen.

Weniger ist mehr: Ein Pepposo aus nur vier Zutaten ist die denkbar einfachste Version eines Schmorgerichts. Auch der Arbeitsaufwand ist entsprechend gering – und trotzdem ist der Geschmack dank des intensiven Aromas des Wildschweinfleischs einfach fantastisch. Weil im Revier auch einige Wacholdersträucher wachsen, verwende ich als fünfte Zutat manchmal einige der aromatischen Beeren.

Bärlauch-Wildschweinbratwurst mit warmem Bärlauch-Kartoffelsalat

Teilstück: Bauch
Für 4 Personen

BRATWURST:

1 kg Wildschweinbauch mit anhängendem Fett, gefroren

2–3 Meter Darm, Kaliber 28/30 oder 30/32

1 TL frischer Ingwer, fein gewürfelt

2 gehäufte TL Salz

2 TL Bärlauchpaste (siehe Hinweis im Text unten, alternativ 2 Knoblauchzehen)

1 TL getrockneter Majoran

1 TL schwarzer Pfeffer, sehr grob gemahlen

KARTOFFELSALAT:

1 kg festkochende Kartoffeln

2 EL Bärlauch, frisch und gehackt oder als Bärlauchpaste

2 EL Essig

2 EL Öl

Salz

Pfeffer aus der Mühle

HINWEIS:

Der Darm wird üblicherweise eingesalzen verkauft. Wenn mit der Verarbeitung des Fleisches begonnen wird, sollte er schon 30 Minuten in warmem Wasser liegen.

1. Ingwer und Salz im Mörser zu einer glatten Paste verarbeiten. Falls statt Bärlauch Knoblauch verwendet wird, wandert er ebenfalls in den Mörser.

2. Den Wildschweinbauch noch hart gefroren durch den Fleischwolf drehen, dabei eine mittlere Scheibe von 3–5 mm verwenden. Das Hackfleisch mit allen Gewürzen und der Salzpaste vermischen und so lange kräftig kneten, bis sich nach einigen Minuten die Konsistenz spürbar verändert. Erst wenn das Fleisch an der Hand kleben bleibt, ist das Brät bereit zum Abfüllen.

3. Das verknetete Hackfleisch locker in den gewässerten Darm füllen, dafür entweder Fülltüllen für den Fleischwolf, einen Wurstfüller oder einen Handfülltrichter verwenden. Die Wurst muss noch weich und nachgiebig sein – ist sie zu prall, sieht das zwar toll aus, aber sie platzt später beim Braten. Wenn das gesamte Brät eingefüllt ist, ein Ende des Darms abbinden und die Würste auf die gewünschte Länge abdrehen. Immer abwechselnd einmal mit und einmal gegen den Uhrzeigersinn drehen.

4. Bei nicht zu großer Hitze mit etwas Öl in der Pfanne braten oder grillen.

5. Für den Salat die Kartoffeln schälen und etwa 20 Minuten in Salzwasser gar kochen. Währenddessen Bärlauch, Essig und Öl im Mixer zu einer glatten Sauce verarbeiten. Die Kartoffeln abgießen, kurz abkühlen lassen, in dicke Scheiben schneiden und die Bärlauchsauce unterheben. Mit Salz und Pfeffer abschmecken.

Ich mag den Geschmack von Bärlauch sehr, weil er doch etwas feiner ist als der von „normalem" Knoblauch. Allerdings wächst er nur wenige Wochen im Jahr, leider. Ich habe mir aus diesem Grund angewöhnt, einen größeren Vorrat an Bärlauchpaste anzulegen: fein gehackte Blätter und etwas Salz werden in Gläser gefüllt, fest zusammengedrückt und mit einer Schicht Olivenöl vollständig bedeckt. Kühl gelagert oder eingefroren hält sich der Bärlauch so, bis wieder frischer wächst – oder bis ich ihn aufbrauche, für Bärlauchbratwurst zum Beispiel.

ZUBEREITUNG: 60 MINUTEN · **WÄSSERN:** 30 MINUTEN

Whiskey-Wildschwein in Wildschweinschmalz

Teilstück: Rücken
Für 4 Personen

1 kg Wildschweinrücken

3 EL Butterschmalz

Salz

100 ml Whiskey

8 Schalotten

10 EL Wildschweinschmalz
(siehe Rezept S. 177)

1 EL brauner Zucker

1 EL schwarze Pfefferkörner

5 Wacholderbeeren

BEILAGE:
Dazu passt frisches Weißbrot – und die Whiskeyflasche dürfte eigentlich auch noch nicht leer sein?

1. Die kräftige Silberhaut auf der Oberseite des Rückenstücks und alle Sehnen mit einem scharfen Messer abziehen. Butterschmalz in einer Pfanne zerlassen, das Fleisch salzen und bei großer Hitze von beiden Seiten anbraten. Das Fleisch beiseite stellen, die heiße Pfanne mit dem Whiskey ablöschen. Den Bratensatz loskochen und den Alkohol verdampfen lassen, währenddessen die Schalotten schälen und in feine Ringe schneiden.

2. Das Wildschweinschmalz in die Pfanne geben und bei geringer Hitze schmelzen lassen, dann die Schalotten hinzugeben und mit dem Zucker bestreuen. Das Fleisch wieder in die Pfanne geben und 5–10 Minuten sanft braten, bis die Schalotten weich und glasig sind. Dabei das Fleisch häufig wenden und immer wieder mit dem heißen Fett begießen.

3. Währenddessen Pfeffer und Wacholderbeeren in einer zweiten Pfanne ohne Fett rösten und im Mörser zerstoßen. Das Fleisch in dünne Scheiben schneiden und würzen.

Es gibt Tage, an denen es große Freunde macht, ein anspruchsvolles Rezept mit viel Liebe, großer Genauigkeit und mit durchdachten Beilagen zu kochen. Es gibt aber auch Tage, an denen es ein dickes Wildschweinsteak mit Schmalz, Schalotten und Whiskey braucht.

ZUBEREITUNG: 20 MINUTEN

ZUBEREITUNG: 40 MINUTEN · MARINIEREN: EINIGE STUNDEN

Saté-Spieße mit Haselnussdip

Teilstück: Rücken
Für 4 Personen

1 kg Wildschweinrücken

ein gut daumengroßes Stück Ingwer

400 ml Kokosmilch

1 TL Chiliflocken

1–2 EL Honig

etwas Salz

3 EL Sojasauce

1 TL Koriander, gemahlen

½ TL Kurkuma, gemahlen

100 g Haselnusskerne

1 Zitrone

20–30 Holzspieße

HINWEIS:
Die Sauce wird normalerweise mit gehackten Erdnüssen zubereitet, ich verwende lieber selbst gesammelte Haselnüsse. Für die Kokosmilch suche ich allerdings bisher noch nach einem gleichwertigen, aber regionalen Ersatz.

1. Ingwer schälen, so fein wie möglich würfeln und mit Kokosmilch, Chiliflocken, Honig und Salz verrühren. Ein Viertel dieser Grundsauce für die Marinade mit Sojasauce, Koriander und Kurkuma abschmecken. Das Fleisch mit der Faser in etwa 5 mm dicke Streifen schneiden, in die Marinade geben und einige Stunden gekühlt ziehen lassen.

2. Haselnüsse hacken, zum Rest der Sauce geben und alles zu einer glatten Creme pürieren. Aufkochen und mit Zitronensaft, Salz und Chiliflocken abschmecken.

3. Das Fleisch aus der Marinade nehmen, grob abstreifen und die Streifen wellenförmig auf die Holzspieße aufziehen. Von beiden Seiten für je 2–3 Minuten bei großer Hitze grillen und mit der warmen Haselnusssauce anrichten.

Schon als ich mich noch vegetarisch ernährt habe, standen indonesische Satéspieße regelmäßig auf dem Tisch – statt Wildschweinrücken habe ich damals natürlich noch Tofu oder Tempeh aufgepiekst. Heute liegen beide Varianten auf dem Grill oft einträchtig nebeneinander.

Grillfackeln

Teilstück: Rippen mit anhängendem Bauchstück
Für 4–6 Personen

Rippen mit anhängendem Bauchstück, mit Knochen ca. 2,5 kg

2 Zwiebeln

3 Knoblauchzehen

2–3 Zweige Rosmarin

5 Zweige frischer Thymian

200 ml neutrales Öl

5 EL Sojasauce

20 lange Schaschlikspieße

Cayennepfeffer

Paprikapulver edelsüß

Salz

1. Das große Fleischstück flach, mit der Innenseite nach oben, auf den Tisch legen und zunächst eventuell vom Schuss verletztes Fleisch, Blutgerinnsel und die feste, helle Bindegewebsschicht mit dem Messer entfernen. Dann beidseitig entlang der letzten Rippe einige Millimeter tief in das Fleisch schneiden. Die Spitze der Rippe anheben und mit dem Messer das Fleisch bis zum Brustbein vom Knochen schieben. Mit allen anderen Rippen wiederholen, zuletzt auf der ganzen Länge auch das Brustbein vom Fleisch lösen. Das ausgebeinte Stück auf einem Bogen Backpapier flach ausgebreitet für 30 Minuten anfrieren, dann quer zum Verlauf der Rippen in möglichst dünne Streifen schneiden – dicker als 5 mm sollten sie nicht sein.

2. Zwiebeln schälen und in Ringe schneiden, Knoblauch schälen und grob hacken. Rosenmarinnadeln abstreifen und hacken, Thymianblättchen abstreifen. Alles zusammen mit den Kräutern, dem Öl und der Sojasauce in eine große Schüssel oder einen Gefrierbeutel geben. Die Fleischstreifen dazugeben, vermengen und für 6 Stunden kühl lagern.

3. Die Fleischstreifen aus der Marinade nehmen, Öl und Gewürze abstreifen und einen einige Minuten gewässerten Schaschlikspieß durch ein Ende stechen. Das Fleisch eng um den Spieß wickeln und zuletzt auch das zweite Ende durchstechen. Wenn nötig, mehrere kurze Fleischstreifen auf einen Spieß wickeln, bis er voll ist. Alle Spieße großzügig mit Cayennepfeffer und Paprikapulver bestäuben, salzen und kurz und scharf grillen, bis das Fleisch knusprig ist.

„Grillfackeln" liegen von März bis September bei jedem Discounter in der Kühltheke und wohl bei jedem größeren Grillfest irgendwo auf dem Rost. Ein so beliebtes Rezept einfach mal aus Wildschwein zuzubereiten, ist für mich der ideale Weg, um beim Grillen ganz nebenbei die leider immer noch vorhandenen Vorurteile gegenüber Wildfleisch abzubauen.

ZUBEREITUNG: 1 STUNDE · GEFRIERZEIT: 30 MINUTEN · MARINIERZEIT: 6 STUNDEN

Spareribs Sous-Vide

Teilstück: Rippen
Für 4 Personen

Rippenstück vom Wildschwein, ca. 1,5 kg

1 EL Paprikapulver edelsüß

etwas Zimtpulver

100 ml Apfelsaft

100 g Tomatenmark

1 TL Cayennepfeffer

150 ml Ahornsirup

etwas grobes Salz

TIPP:

Ohne Wasserbad können die Rippen auch im Backofen vorgegart werden: Den Ofen auf 120 °C (Ober-/Unterhitze) einstellen, Rippen und 200 ml Saft in einen Bräter geben und mindestens 4 Stunden garen. Das Fleisch währenddessen einige Male wenden und immer wieder mit der Flüssigkeit bestreichen.

1. Vom Rippenstück eventuell durch den Schuss vorhandene Blutgerinnsel gründlich entfernen und das Brustbein mit einer stabilen Küchenschere von den Rippen trennen. Das Fleisch von beiden Seiten mit Paprikapulver einreiben, eine Prise Zimt darüberstreuen und es zusammen mit dem Apfelsaft in einen Vakuumbeutel einschweißen. Ein Wasserbad auf 70 °C erhitzen und die Rippen für mindestens 12, besser 24 Stunden, bei dieser Temperatur schonend garen.

2. Tomatenmark, Cayennepfeffer und Ahornsirup zu einer glatten Sauce verrühren. Das Fleisch aus dem Beutel nehmen und die sehnige Haut auf der Innenseite abziehen – gegart und noch warm sollte sie sich jetzt wie von selbst lösen. Das Fleisch von beiden Seiten dünn mit der Sauce bestreichen und auf den heißen Grill legen. Einige Male wenden, und dabei immer wieder etwas Glasur auf die bereits karamellisierte Schicht auftragen. Entlang jeder zweiten oder dritten Rippe in Streifen schneiden und mit wenig grobem Salz bestreut servieren.

Spareribs sind erst perfekt gegart, wenn die Rippenknochen sich mit zwei Fingern aus dem saftigen Fleisch ziehen lassen. Ich habe dieses Teilstück deshalb lange im Wasserbad gegart, bevor es schließlich mit einer herrlich klebrigen Glasur für einige Minuten auf dem Grill landete.

ZUBEREITUNG: 30 MINUTEN · **GARZEIT:** 12–24 STUNDEN

ZUBEREITUNG: 30 MINUTEN

Wildschweinfilet mit Bergkäse und Steinpilzen

Teilstück: Filet
Für 2 Personen

2 Wildschweinfilets, je ca. 200 g
ca. 100 g Bergkäse
ca. 30 g getr. Steinpilze
Mehl zum Panieren
2 Eier, verquirlt
Semmelbrösel zum Panieren
2–3 EL Butterschmalz

BEILAGE:
Dazu passen Kartoffelspalten und ein säuerlich angemachter Salat.

1. Die oberflächliche Sehne des Wildschweinfilets entfernen und das Fleisch von rechts und links auf der ganzen Länge tief einschneiden, so dass es sich doppelt aufklappen lässt. Mit einem Fleischklopfer vorsichtig plattieren.

2. Den Bergkäse in Stifte von ca. 1 cm x 1 cm Dicke schneiden und an den Rand des flachen Fleischstücks legen. Die getrockneten Pilze fein zerkrümeln und neben dem Käse verteilen, sie nehmen später das ausschmelzende Fett auf und werden dadurch weich.

3. Den Ofen auf 100 °C (Ober-/Unterhitze) vorheizen.

4. Das Fleisch einrollen und mit Zahnstochern fixieren. Beide Filetrollen erst in Mehl, dann in dem verquirlten Ei und schließlich in Paniermehl wenden, die Panade andrücken und eventuell noch ein zweites Mal panieren.

5. Das Butterschmalz in einer Pfanne zerlassen und das Fleisch bei mittlerer Hitze rundherum anbraten, dann für 10 Minuten im Ofen garen.

Ausgerechnet das angeblich edelste Stück am ganzen Wildschwein, das Filet, einfach aufzuschneiden, es dann ordentlich platt zu klopfen, mit getrockneten Pilzen und Bergkäse zu füllen und zu panieren kann man als Sakrileg bezeichnen – oder stattdessen ganz nüchtern festhalten, dass diese Variante eines wilden Cordon Bleu gerade wegen des zarten Fleischs einfach fantastisch schmeckt.

ZUBEREITUNG: 30 MINUTEN · GAREN: 3 STUNDEN

Wildschwein-Ragù

Teilstück: Abschnitte und Reststücke
Für 6–8 Personen

1200 g sehnige Abschnitte

4 Zwiebeln

3 Knoblauchzehen

5 EL Olivenöl

1 TL Zucker

½ Sellerieknolle

250 ml trockener Rotwein

300 ml Wildschweinbrühe (siehe Grundrezept S. 61)

5 Fleischtomaten, enthäutet und entkernt (alternativ 1 kg Pelati)

50 g getr. Steinpilze

2 Zweige Rosmarin

3 Karotten

Salz

600 g Nudeln

schwarzer Pfeffer aus der Mühle

frischer Oregano, gehackt, nach Geschmack

frischer Basilikum, gehackt, nach Geschmack

Parmesan, frisch gerieben, nach Geschmack

1. Das Fleisch in Stücke schneiden, in einer tiefen Pfanne in Butterschmalz scharf anbraten und beiseite stellen. Zwiebeln und Knoblauch schälen, würfeln und in der gleichen Pfanne bei schwacher Hitze in Olivenöl dünsten. Mit Zucker bestreuen und immer wieder umrühren, bis die Zwiebeln glasig werden.

2. Den Sellerie mit einer Küchenreibe grob raspeln und hinzugeben. Nach einigen Minuten mit Wein und Brühe ablöschen, auch das Fleisch und die Tomaten hinzugeben. Aufkochen, Pilze und Rosmarinzweige hinzugeben und bei schwacher Hitze etwa 3 Stunden ohne Deckel köcheln lassen. Gelegentlich umrühren, bis das Fleisch in Fasern zerfällt und die gesamte Flüssigkeit zu einer sämigen Sauce eingekocht ist, die harten Stiele des Rosmarins entfernen. Die Karotten in nicht zu kleine Stücke schneiden und zuletzt 30 Minuten mitgaren, sie sollen ein wenig bissfest bleiben.

3. Rechtzeitig vor Ende der Garzeit einen großen Topf mit Salzwasser aufsetzen und die Nudeln darin nach Packungsanleitung bissfest garen, so dass sie etwas früher oder gleichzeitig mit dem Ragù fertig sind (siehe Tipp).

4. Das Ragù mit Salz, Pfeffer und frischen Kräutern abschmecken, mit den Nudeln servieren und geriebenen Parmesan dazu reichen.

TIPP:

Die Nudeln nehmen den Geschmack der Sauce am besten an, wenn sie vor dem Ende der Kochzeit noch sehr bissfest abgegossen werden, und anschließend für zwei oder drei Minuten in der Sauce ziehen. Schöner sieht allerdings ein Teller aus, auf dem die tiefrote Sauce auf den hellen Nudeln thront.

Spaghetti Bolognese: Schnell, einfach, lecker – das funktioniert natürlich auch mit Wild und Hackfleischsauce steht bei mir regelmäßig auf dem Tisch. Sobald ich etwas mehr Zeit habe, mache ich es mir allerdings ein bisschen weniger leicht. Statt beim Verarbeiten angefallene Reststückchen durch den Wolf zu drehen, schneide ich sie nur grob in Stücke und schmore sie, bis sie schließlich von selbst zerfallen.

Unterschale im Salzmantel

Teilstück: Unterschale
Für 4 Personen

Unterschale, ca. 1 kg

5 Eier

1,5 kg Salz, grob und unbedingt ohne Trennmittel (Zutatenliste auf der Verpackung beachten)

1 EL Butterschmalz

600 g Kartoffeln (vorwiegend festkochend)

Saft von 1 Zitrone

weißer Pfeffer aus der Mühle

300 ml Rapsöl

ca. 5 Zweige frischer Oregano

BEILAGE:
Dazu passt ein einfacher Gurken- oder Wildkräutersalat (siehe Rezepte S. 183 und 157).

1. Die Eier trennen und das Eiweiß zu einem lockeren Eischnee aufschlagen, er sollte so fest sein, dass er in der Schüssel bleibt, wenn man sie auf den Kopf dreht. Vorsichtig unter das Salz heben.

2. Das Fleisch parieren, in Butterschmalz von beiden Seiten bei großer Hitze scharf anbraten und beiseite stellen.

3. Den Backofen auf 160 °C (Ober-/Unterhitze) vorheizen. Ein Blech mit Backpapier auslegen und darauf eine Schicht Eischnee-Salz-Mischung verteilen. Das abgekühlte Fleisch und einige Stängel Oregano darauf legen, und mit dem restliche Salz gleichmäßig umhüllen. Das verpackte Fleisch für 40 Minuten backen.

4. Salzwasser zum Kochen bringen und die Kartoffeln im Ganzen gar kochen.

5. Währenddessen die Dotter der fünf Eier mit etwas Salz und einem Spritzer Zitronensaft verrühren, bis sie schaumig werden, dann langsam (!) nach und nach das Öl untermischen. Mit Salz, Zitronensaft, weißem Pfeffer und gehacktem Oregano abschmecken.

6. Das Fleisch aus dem Ofen nehmen, kurz abkühlen lassen und den Mantel aufbrechen. Salz vom Fleisch klopfen, die Unterschale quer zur Faser dünn schneiden und noch lauwarm mit reichlich Mayonnaise und leicht angedrückten und gesalzenen Pellkartoffeln anrichten.

„Man nehme drei Pfund Salz, verrühre sie mit Ei und ..." Das klingt auch mit viel Wohlwollen zunächst wohl eher nach schrecklichem Durst, als nach einer guten Mahlzeit – doch das täuscht, versprochen. Das im Salzmantel gegarte Fleisch schmeckt keinesfalls salzig oder überwürzt, sondern wird im Gegenteil sogar besonders schonend gegart, damit es sein volles Aroma behält.

ZUBEREITUNG: 75 MINUTEN

ZUBEREITUNG: 3 STUNDEN · BEIZEN: 3–4 TAGE

Sauerbraten aus der Oberschale

Teilstück: Oberschale
Für 4 Personen

BEIZE:

1 Bund Suppengemüse

2 Knoblauchzehen

2 Schalotten

10 Pfefferkörner

2–3 Lorbeerblätter, 3 Nelken

5 Wacholderbeeren

400 ml trockener Rotwein

300 ml Rotweinessig

FLEISCH:

Oberschale, ca. 1 kg (alternativ Nuss oder Unterschale))

2 EL Butterschmalz

3 EL Tomatenmark

500 ml Wildbrühe (Grundrezept S. 61)

1–2 EL Brombeergelee (alternativ Honig)

Salz, Pfeffer aus der Mühle

Weinbrand, nach Geschmack

1–2 EL kalte Butter

ROTKOHL:

1 Kopf Rotkohl, (ca. 1 kg)

1 Apfel

1 rote Zwiebel

2 EL Wildschweinschmalz (siehe S. 177)

1 TL Zucker

300 ml Wildbrühe (Grundrezept S. 61)

1–2 EL Rotweinessig

1–2 EL Brombeergelee

KARTOFFELSTAMPF:

500 g Kartoffeln (mehlig kochend)

2 große rote Beten

Salz, Pfeffer aus der Mühle

3 EL Butter

frisch geriebene Muskatnuss

1. Suppengemüse klein schneiden, Knoblauch und Schalotten schälen und ebenfalls klein schneiden und mit Gewürzen, Wein und Essig aufkochen. Diese Beize abkühlen lassen und das Fleisch in ein Glas- oder Tongefäß legen. Beize und Gemüse dazugeben. 3–4 Tage kalt stellen und die Unterschale währenddessen immer wieder wenden. Das Fleisch muss unbedingt vollständig mit Beize bedeckt sein, gegebenenfalls etwas Wasser hinzugeben.

2. Das Fleisch aus der Beize nehmen und abtrocknen. In einem Bräter das Butterschmalz zerlassen, das Fleisch bei großer Hitze von beiden Seiten scharf anbraten und beiseite stellen. Im gleichen Bräter das Gemüse aus der Beize zusammen mit dem Tomatenmark anbraten, bis es beinahe anbrennt, dann mit der Beizflüssigkeit ablöschen. Die Brühe hinzugeben, aufkochen und das Fleisch wieder in den Bräter legen. Abgedeckt für 2 Stunden bei 150 °C (Ober-/Unterhitze) im Backofen schmoren, gelegentlich wenden.

3. Das Fleisch aus der Sauce nehmen und warm stellen. Gemüse und Gewürze absieben, die Sauce mit Salz, Pfeffer und Brombeergelee oder Honig sowie Weinbrand abschmecken und mit kalter Butter binden.

4. Den Rotkohl halbieren, den hellen Strunk entfernen und den Rotkohl in feine Streifen schneiden. Den Apfel schälen, halbieren, das Kerngehäuse entfernen und eine Hälfte in dünne Scheiben schneiden, die andere beiseite stellen. Die Zwiebel schälen und würfeln. Das Schmalz zerlassen und die Zwiebel bei geringer Hitze einige Minuten dünsten, dann Apfel, Kohl und Zucker hinzugeben und noch einmal einige Minuten dünsten. Brühe angießen und bei kleiner Hitze 1 Stunde köcheln lassen, bis die Flüssigkeit fast vollständig eingekocht und der Kohl gerade noch bissfest ist. Mit Salz, Pfeffer, Essig und etwas Brombeergelee abschmecken. Die zweite Hälfte des Apfels würfeln und dazugeben.

5. Kartoffeln und rote Bete schälen, würfeln und in zwei Töpfen in Salzwasser etwa 15 Minuten gar kochen. Die Kartoffeln zerdrücken und die Butter darin unter Rühren zerlassen, die rote Bete pürieren. Beides mischen und mit Salz, Pfeffer und etwas Muskat abschmecken.

Die Zeiten, in denen Wild erst genießbar war, wenn es lange genug in einer kräftig gewürzten Beize gelegen hatte, sind zum Glück lange vorbei – und trotzdem gibt es Anlässe, bei denen ein klassischer Braten mit dunkler Sauce einfach am besten passt. Ich bereite in solchen Fällen gerne eines der großen Teilstücke aus der Keule als Sauerbraten zu, dazu gehört süß-saures Apfelrotkraut und mit Roter Bete versetzter Kartoffelstampf.

VORBEREITUNG: 30 MINUTEN · **PÖKELN:** 7 TAGE · **GAREN:** 2 STUNDEN

Kochschinken aus der Nuss

Teilstück: Nuss
Für ca. 1 kg Schinken

1 Nuss, ca. 1–1,5 kg
920 ml Wasser
80 g (Pökel-)Salz
2 Lorbeerblätter
20 g Zucker
5 Wacholderbeeren
2 Nelken

TIPP:

Die Pökelzeit lässt sich verkürzen, wenn die Lake in das Fleisch gespritzt wird: In der Apotheke eine Spritze mit einer dicken Kanüle besorgen und 10–15 % des Fleischgewichts an kalter Pökellake von allen Seiten in das Wildbret spritzen. Anschließend in der verbliebenen Lake noch 2–3 Tage pökeln und wie beschrieben garen.

1. Die Nuss von oberflächlichen Sehnen befreien und mit Küchen- oder Wurstgarn eng verschnüren, damit das Fleisch später seine Form behält.

2. Das Wasser mit dem Salz und allen Gewürzen aufkochen und wieder erkalten lassen. Die Nuss hineingeben und wenn nötig mit einem Teller beschweren, dann für etwa eine Woche kalt stellen.

3. Das Fleisch aus der Lake nehmen, abtrocknen und in einen Folienbeutel vakuumieren. Steht kein Vakuumiergerät zur Verfügung, kann die gepökelte Nuss auch einfach in einen Bratschlauch oder einen Gefrierbeutel verpackt werden – wichtig ist nur, dass er absolut dicht verschlossen wird.

4. Das verpackte Fleisch für 2 Stunden in einem Wasserbad mit einer Temperatur von 65–75 °C brühen. Ideal ist dafür ein Sous-Vide-Stick oder sogar ein einstellbares Wasserbad, aber auch ein Topf mit warmem Wasser im entsprechend eingestellten Backofen (80 °C Ober-/Unterhitze) funktioniert, wenn regelmäßig kontrolliert wird, ob die Temperatur wirklich stimmt und ob nicht zu viel Wasser verdunstet.

5. Nach dem Garen den Schinken über Nacht im Kühlschrank vollständig erkalten lassen, auspacken, das Garn entfernen und in dünne Scheiben schneiden. Wer die Möglichkeit dazu hat, kann den Schinken auch einige Stunden trocknen lassen und anschließend 1–2 Stunden heißräuchern.

Geräucherter Wildschinken wird häufig angeboten, Wildsalami gibt es in vielen Metzgereien zu kaufen und wilde Leberwurst oder -pastete bekommt man mit etwas Glück in Feinkostläden. Wilder Kochschinken ist aber etwas besonders, im Handel habe ich ihn noch nie gesehen – dabei lässt er sich ohne spezielle Geräte oder großen Aufwand zubereiten.

Wildschweinhachse mit Schlehensauce

Teilstück: Hachse
Für 2–3 Personen

FLEISCH:

1 Hachse, ca. 600 g Fleisch, Gewicht der Knochen abgezogen

2 EL Butterschmalz

2 Handvoll Schlehen

200 ml Rotwein (lieblich oder halbtrocken)

200 ml Wildschweinbrühe (siehe Grundrezept S. 61)

1 Stange Zimt

Speisestärke

Salz

schwarzer Pfeffer aus der Mühle

etwa 25 g Bitterschokolade, nach Geschmack

TOPINAMBURPUFFER:

600 g Topinambur

3 Eier

100 ml Milch

Salz

weißer Pfeffer aus der Mühle

Öl zum Braten

HINWEIS:

Topinambur schmeckt ein wenig süß, er bildet einen spannenden Kontrast zu der herben Sauce.

1. Die Hachse soll gegart werden, bis das Fleisch buchstäblich vom Knochen fällt – damit es dann nicht lose in der Sauce schwimmt, binde ich die Hachse gleich zu Beginn in Form.

2. Das Fleisch bei großer Hitze in Butterschmalz von allen Seiten braten. Die Schlehen hinzugeben und abwarten, bis sie nach einigen Sekunden platzen, dann sofort mit Wein ablöschen. Brühe und Zimtstange hinzugeben und für 3 Stunden abgedeckt bei 140 °C (Ober-/Unterhitze) im Backofen schmoren. Die Hachse währenddessen regelmäßig wenden und mit einer Gabel testen, ob das Fleisch schon mürbe wird – bei Hachsen unterscheidet sich die nötige Garzeit nach meiner Erfahrung recht stark von Tier zu Tier.

3. Die Topinamburknollen schälen und auf der Küchenreibe grob raspeln. Mit Eiern, Milch, wenig Salz und viel schwarzem Pfeffer mischen. Kleine Fladen formen und bei mittlerer Hitze in Öl knusprig braten.

4. Das Fleisch aus der Sauce nehmen und warm stellen, die Zimtstange entfernen, aber die Schlehen aufheben. Die Sauce aufkochen und mit etwas in Wasser gelöster Stärke binden, dann mit Salz, Pfeffer und einem Stück Bitterschokolade abschmecken Die Schlehen wieder in die Sauce geben und mit Topinamburpuffern und Hachse anrichten. Dazu passt auch ein winterlicher Feldsalat.

Schwarzdornsträucher wuchern überall an Waldrändern und in Hecken. Das dichte Gestrüpp bietet Wildtieren ein sicheres Versteck. Wie der Name schon verrät, sitzen auf den miteinander verschlungenen Zweigen des Strauchs kräftige Stacheln, die Menschen auf Distanz halten. Im Herbst wachsen irgendwo zwischen ihren Spitzen auch die dunkelblauen Früchte der Pflanze, die Schlehen.

Geerntet werden Schlehen am besten erst nach dem ersten Frost, dann ist der Geschmack etwas milder. Aber auch ohne auf kalte Tage zu warten, können bereits reife, schwarzblaue Schlehen im Herbst gesammelt werden: Sie erleben den nötigen Kälteeinbruch dann einfach durch eine Nacht im Tiefkühlschrank.

ZUBEREITUNG: 30 MINUTEN · **GARZEIT:** 3 STUNDEN

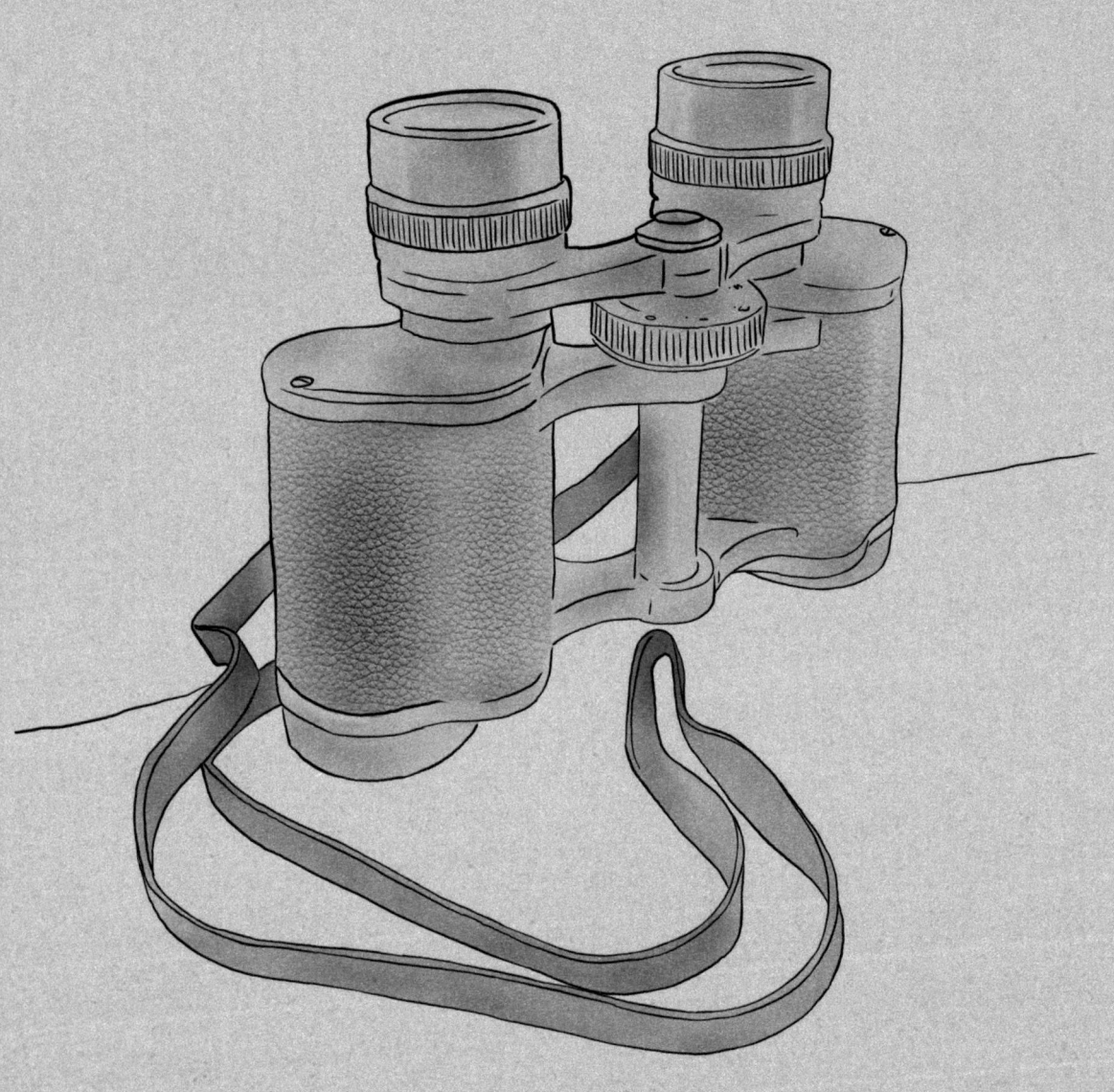

SERVICE

BEZUGSQUELLEN FÜR WILDFLEISCH

Per Postleitzahlsuche kann nach Jägerinnen und Jägern in jeder Region gesucht werden, die Wildfleisch verkaufen wollen:

WWW.WILD-AUF-WILD.DE

Wild kaufen und gekühlt liefern lassen oder in Unterfranken abholen:

WWW.WALDBRET.DE

Wild kaufen und gekühlt liefern lassen:

WWW.ELBWILD.DE

Wild kaufen und gekühlt liefern lassen:

WWW.GENUSSHANDWERKER.DE

Die Forstämter der Landesforstbetriebe verkaufen in der Regel Wildfleisch aus eigener Jagd. Beispielhaft sei genannt:

WWW.BAYSF.DE/DE/UEBER-UNS/STANDORTE/FORSTBETRIEBE/FICHTELBERG.HTML

Bezugsquellen für Wild in Österreich:

WWW.WILD-OESTERREICH.AT

ZUM WEITERLESEN

INTERNET

Natur- und Jagdfilme von „Jagdmomente" (Felix aus dem Kapitel „Damwild"):

WWW.YOUTUBE.COM/JAGDMOMENTE

Wildrezepte und Tipps zur Zubereitung:

WWW.WILDFEE.DE

Natur- und Jagdfilme von „Dreispross" (Andreas aus dem Kapitel „Damwild"):

WWW.DREISPROSS.DE

Fantastische Rezepte und Wissenswertes über Wildfleisch:

WWW.WILD-AUF-WILD.DE

Große Sammlung hervorragender Wildrezepte:

WWW.SOSCHMECKTJAGD.DE

Interessanter Foodblog mit einigen Wildrezepten:

WWW.HERR-RUEGER.DE

Unglaubliche Vielfalt bewährter Rezepte:

WWW.JAGDERLEBEN.DE/PRAXIS/WILDREZEPTE

BÜCHER

Wildpflanzen

Schneider, Christine, Beiser, Rudi und Gliem, Maurice: Wild- und Heilkräuter, Beeren und Pilze finden, Ulmer Verlag, 2019

Fleischhauer, Steffen: Kleine Enzyklopädie der essbaren Wildpflanzen, AT Verlag, 2010

Fleisch, Ethik und Moral

Gray, Louise: Richtig Tiere essen?!, Edel Books, 2017

De Bok, Pauline: Beute, C.H.Beck, 2018

Grimm, Fabian: Ich esse, also jage ich, Ullstein Verlag, 2019

Wild verarbeiten

Farr, Ryan: Whole beast butchery (englisch), Chronicle books, 2011

Grimm, Fabian: Rehwild – vom Lebewesen zum Lebensmittel, Verlag Neumann-Neudamm, 2018

Kochbücher

Reynaud, Stephane: Innereien, Christian Verlag, 2013

Meller, Gill: Sammeln, Ernten, Kochen, Knesebeck Verlag, 2017

Tress, Simon, Knezeciv, Silvio und Schweisfurth, Georg: Fleisch, Christian Verlag, 2014

Nilsson, Magnus: Fäviken, Phaidon Verlag, 2012

Anders, Sören: Wildkochbuch, INFO Verlag, 2016

Rinella, Steven: The Meateater (englisch), Spiegel & Grau, 2018

DER AUTOR

Fabian Grimm war aufgrund ethischer Bedenken jahrelang Vegetarier – dann entschloss er sich, den Jagdschein zu machen. Seitdem setzt er sich mit allen Möglichkeiten auseinander, Wildfleisch zuzubereiten. Seine Wildrezepte finden sich regelmäßig in Fachzeitschriften und auf seinem Blog haut-gout.de

SCHNELL NACHGESCHLAGEN

A

Abschussplan 27
Ansitzjagd 63, 93
Artenvielfalt 152
Ausbeinen 55

B

Bärlauch-Kartoffelsalat, warmer 186
Bärlauch-Wildschweinbratwurst mit warmem Bärlauch-Kartoffelsalat 186
Biofleisch 43
Blatt 50
Bratwurstexperimente mit dem Handfülltrichter 180
Brombeerchutney 89
Brühe kochen 61

C

Carpaccio vom Rehfilet mit pürierten Waldhimbeeren 83
Ćevapčići 80
Couscoussalat 104

D

Damspießer 96
Damwild 93 ff.
Damwild-Pho 117
Deer Jerky 120
Drückjagd 167
Durchgaren 41

E

Einfrieren 55
Einkochen 57
Eisbein 51, 53
Ente → Stockente
Enten mit Cognacbutter 147
Enten-Tortellini in Salbeibutter 144

F

Feldhase 25, 149 ff.
Feldhaseneintopf mit Rüben 160
Feldsalat mit gebeizter Entenbrust und Orangenfilets 141
Fett 58
Filet 50
Filet, an der Luft getrocknetes 118
Flammkuchen mit Damwild-Rücken und Knoblauchsrauke 112
Fleischabschnitte 53
Fleischhygiene 41
Fleischqualität 45
Fleischwolf 53
Fressfeinde 152
Frischling 175

G

Galettes 86
Grillen 54
Grillfackeln 192
Gurkensalat, schwedischer 183

H

Hachse 51, 53
Hackfleisch 53
Hackfleisch im Mangoldblatt 104
Hals 51, 53
Hase → Feldhase
Hasenhochzeit 152
Hasenkeule, englische 162
Hasenrücken und Frühlingskräuter 157
Hasentatar mit Holunderkapern 159
Hautgout 33
Herbstnuss mit Kürbisstampf, Zwetschgen und Pfifferlingen 129
Hirn mit Nusskruste 91

Hirsch → Damwild
Holunderkapern 159
Hopfengulasch 109
Innereien 58

J

Jagd, Aufgaben der 23
Jagdglück 38
Jagdhund 139, 151, 167
Jagdpachtvertrag 27

K

Kartoffelstampf 183
Keiler 175
Keimruhe 69
Keule 51, 54
Knochen 54
Knochenbrühe 61
Kochschinken aus der Nuss 205
Konservieren 55
Kulturlandschaft 23, 25, 27, 167
Kurzbraten 54

L

Landwirtschaft, intensive 151
Leberwurst 71

M

Mais 172
Mayonnaise 91
Munition, bleihaltige 58

N

Nassreifung 33
Nudeln, gebratene, mit Entenbrust 142
Nussschnitzel mit Nusspanande 126

O

Oberschale mit Austernpilzsauce 124

Osso bucco mit Risotto alla milanese 131

P

Parieren 55

Pepposo 185

PSE-Fleisch 175

R

Rebhuhn 25, 152

Rehbock 65, 66, 69

Reh-Kartoffel-Klopse mit Beifuß und Traubenkirsch-Gelee 74

Rehkeule mit Kaffee 85

Rehrücken mit Mädesüßblüten 77

Reh-Schawarma 78

Rehschulter mit Kirschen im Heubett 72

Rehwild 63 ff.

Rippen 53

Risotto alla milanese 131

Rotkohl 203

Rouladen 123

Rücken 51, 54

S

Sasse 155

Saté-Spieße mit Haselnussdip 191

Sauerbraten aus der Oberschale 203

Schmalreh 65, 98

Schmoren 53

Schonzeit 37

Schulter 53

Schwarzwild 165 ff.

Soljanka 106

Spareribs Sous-Vide 194

Sprünge 69

Steak-Burger mit Walnusspesto 115

Steaks, dicke, aus der Rehkeule mit Whiskeybutter und Brombeerchutney 89

Stockente 133 ff.

Sülze 103

Süßkartoffel, gefüllte, mit Damwildhack 110

T

Teilstück 49 ff.

Topinampurpuffer 206

Träger → Hals

Traubenkirsch-Gelee 74

Treibjagd 151

U

Überläufer 175

Unterschale im Salzmantel 200

V

Vakuumiergerät 55

Vegetarische Ernährung 11

Vorstehen 151

W

Walnusspesto 115

Whiskeybutter 89

Whiskey-Wildschwein in Wildschweinschmalz 188

Wildfleisch 25
— Kauf 35
— Preis 38
— Saison 37

Wildfond 61

Wildgeschmack 31, 33, 35

Wildmarke 45

Wildschäden 23, 27, 168

Wildschwein 25, → Schwarzwild

Wildschweinfilet mit Bergkäse und Steinpilzen 197

Wildschweinhachse mit Schlehensauce 206

Wildschwein-Köttbullar 183

Wildschweinnacken, confierter, mit Grünkohl 178

Wildschwein-Ragù 199

Wildschweinschmalz 177

Wildtiermanagement 23

Wildursprungsschein 45

Z

Zuschnitte 49

IMPRESSUM

Alle Fotos und die Icons auf den
Rezeptseiten stammen vom Autor.

S. 94: Martin Weber.

Buchrückseite: Sebastian Jehl.

Zeichnungsvorlagen:
S. 132: andrey oleynik/Shutterstock.com
S. 148: Volodymyr Burdiak/Shutterstock.com

Die in diesem Buch enthaltenen Empfehlungen und Angaben sind vom Autor mit größter Sorgfalt zusammengestellt und geprüft worden. Eine Garantie für die Richtigkeit der Angaben kann aber nicht gegeben werden. Autor und Verlag übernehmen keine Haftung für Schäden und Unfälle. Bitte setzen Sie bei der Anwendung der in diesem Buch enthaltenen Empfehlungen Ihr persönliches Urteilsvermögen ein.
Der Verlag Eugen Ulmer ist nicht verantwortlich für die Inhalte der im Buch genannten Websites.

Bibliografische Information der Deutschen Nationalbibliothek

Die Deutsche Nationalbibliothek verzeichnet diese Publikation in der Deutschen Nationalbibliografie; detaillierte bibliografische Daten sind im Internet über http://dnb.d-nb.de abrufbar.

Das Werk einschließlich aller seiner Teile ist urheberrechtlich geschützt. Jede Verwertung außerhalb der engen Grenzen des Urheberrechtsgesetzes ist ohne Zustimmung des Verlages unzulässig und strafbar. Das gilt insbesondere für Vervielfältigungen, Übersetzungen, Mikroverfilmungen und die Einspeicherung und Verarbeitung in elektronischen Systemen.

© 2020 Eugen Ulmer KG

Wollgrasweg 41, 70599 Stuttgart (Hohenheim)
E-Mail: info@ulmer.de
Internet: www.ulmer.de

PROJEKTLEITUNG: Lisa Seibel
LEKTORAT: Claudia Boss-Teichmann
HERSTELLUNG: Katharina Merz
UMSCHLAGGESTALTUNG, SATZ & ILLUSTRATIONEN:
Miriam Strobach, Le Foodink
REPRODUKTION: timeRay Visualisierungen, Jettingen
DRUCK UND BINDUNG: Firmengruppe Appl, aprinta Druck, Wemding

Printed in Germany

ISBN 978-3-8186-1037-1

Einfach finden und bestimmen

Wild- und Heilkräuter, Beeren und Pilze finden.
Der Blitzkurs für Einsteiger.
Christine Schneider, Rudi Beiser, Maurice Gliem. 2. Auflage 2019.
464 Seiten, 470 Farbfotos,
50 farbige Zeichnungen, kart.
ISBN 978-3-8186-0828-6.

Wildkräuter, Heilkräuter, wilde Beeren, Nüsse und Pilze – all diese Köstlichkeiten können Sie mit diesem Buch auch als Anfänger einfach und sicher draußen finden und bestimmen. Ob Bärlauch oder Thymian, ob Himbeere, Schlehe, Steinpilz oder Pfifferling – die 110 besten und leckersten Klassiker unter den Wildpflanzen und Waldpilzen werden leicht verständlich erklärt, so dass Sie gleich loslegen können. Feine Rezepte zum Genießen und gesunde Tees aus selbst gesammelten Heilpflanzen ergänzen das Buch kulinarisch.

12 LEITSÄTZE
DIE ZUKUNFT DER JAGD.

RESPEKT
Wir respektieren die Kreatur und verschreiben uns dem Schutz der wildlebenden Tiere.

NATURSCHUTZ
Wir schützen die Natur und verbessern die Lebensräume aller Tierarten.

VERANTWORTUNG
Wir verhalten uns verantwortungsvoll im Umgang mit Waffen und Munition und halten uns streng an die gesetzlichen Vorgaben.

KOMMUNIKATION
Wir zeigen in sozialen Netzwerken nur solche Jagdbilder, die nicht abstoßend wirken und deren Aussage sich auch Nichtjägern sofort erschließt.

LEBENSMITTEL
Wir produzieren ein hochwertiges Lebensmittel. Wir halten uns an die gesetzlichen Vorgaben und geben nur das Wildbret an andere weiter, was wir auch selbst essen würden.

PARTNERSCHAFT
Wir behandeln unseren Jagdhund wie einen Kameraden.

INFORMATIONEN
Wir respektieren die Meinung von Menschen, die der Jagd kritisch gegenüberstehen. Wir öffnen uns, informieren sie gern, belehren sie aber nicht.

JÄGERSPRACHE
Wir sprechen für Nichtjäger eine Fremdsprache, deshalb ergänzen wir unsere Ausführungen mit verständlichen Worten.

BILDUNG
Wir bilden uns fort und berücksichtigen neue wissenschaftliche Erkenntnisse in unserem jagdlichen Handeln.

AUFKLÄRUNG
Wir weisen Mitjäger der Situation angemessen auf ein nicht waidgerechtes Verhalten hin.

TOLERANZ
Wir treten anderen Naturnutzern gegenüber stets respektvoll auf, auch wenn wir sie über ein Fehlverhalten im Rahmen des Jagdschutzes aufklären.

TRADITION
Wir bewahren das jagdliche Brauchtum, wenden es aber nur an, wenn es den anderen Leitsätzen nicht zuwiderläuft.

\>\> Erfahren Sie mehr

waidgerechte-jagd.de

Bestes Brot selbst backen

Brotbackbuch Nr. 1.
Grundlagen und Rezepte
für ursprüngliches Brot.
Lutz Geißler. 4. Auflage 2018.
280 Seiten, 118 Farbfotos,
114 Zeichnungen, 2 Lesebändchen,
geb. ISBN 978-3-8186-0527-8.

Ursprüngliches Brot mit bestem Aroma und unvergleichlicher Qualität selber backen? Lutz Geißler, Deutschlands erfolgreichster Brot-Blogger, verrät das Geheimnis seiner Kunst. Im Infoteil des Buches erfahren Sie alles über die traditionelle Brotbackkunst mit langer Teigführung und sehr wenig Hefe, außerdem ausführliches Hintergrundwissen zu Zutaten, Zubehör, Grundbegriffen, Techniken zum Kneten und Formen, Faustregeln und zur praktischen Umsetzung im Alltag. Körnerbrot, Roggenbrot, Baguette und Brötchen: Hier finden Sie über 40 Rezepte für jeden Anspruch, für Einsteiger, Fortgeschrittene und Könner, die sich inspirieren lassen möchten.

Geballtes Wissen für Hobbybrauer

Der Ingenieur für Brauwesen Jan Brücklmeier vermittelt in diesem Buch detailliert und gleichzeitig anschaulich und unterhaltsam Fachwissen zu allen wichtigen Bereichen des Heimbrauens: Ausrüstung, Rohstoffe, Brauprozess, Hefezucht, Desinfektion, Bierverkostung, Troubleshooting. Raffinierte Rezepte im 20-l-Maßstab regen zur eigenen Rezeptentwicklung an.

Bier brauen.
Grundlagen, Rohstoffe, Brauprozess.
Jan Brücklmeier. 2018. 492 Seiten,
125 Farbfotos, 213 farbige Zeichnungen,
geb. ISBN 978-3-8001-0927-2.

DAS BESTE FÜR IHR WILDBRET

Wildkühlung, Zerwirkraumeinrichtung und Vakuumverpackung direkt beim Experten kaufen.

 #fürechtejäger

Kühlen & Reifen

Zerwirken

Verarbeiten

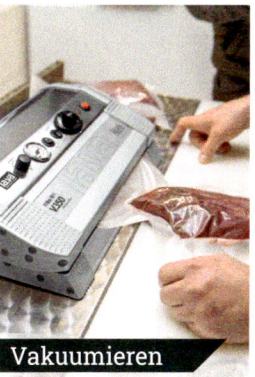
Vakuumieren

WWW.LANDIG.COM